HARALD ORTH
ANDREAS MALESSA

KOMPLIZIERT

SIND NUR DIE ANDEREN

 **7** WOCHEN

für heile Beziehungen

W0052917

 **BRUNNEN**
Verlag GmbH · Giessen

Bibelzitate folgen, wo nicht anders angegeben, dem
Bibeltext der Neuen Genfer Übersetzung –
Neues Testament und Psalmen.
Copyright © 2011 Genfer Bibelgesellschaft.

Weitere verwendete Übersetzungen sind
wie folgt gekennzeichnet:

Hfa – Hoffnung für alle®.
Copyright 1983, 1996, 2002 by Biblica Inc.™.
Hrsg. von `fontis – Brunnen Basel.
Alle weiteren Rechte weltweit vorbehalten.
Verwendung mit freundlicher Genehmigung des Verlags.

L – Lutherbibel, revidierter Text 1984,
durchgesehene Auflage in neuer Rechtschreibung,
© 1999 Deutsche Bibelgesellschaft, Stuttgart.

Illustrationen von Uwe Beer

© 2018 Brunnen Verlag Gießen
Umschlagmotiv: Shutterstock
Umschlaggestaltung: Jonathan Maul
Lektorat: Uwe Bertelmann
Satz: DTP Brunnen
Druck: GGP Media GmbH, Pößneck
ISBN Buch: 978-3-7655-2089-1
ISBN E-Book: 978-3-7655-7515-0
www.brunnen-verlag.de

Inhalt

Predigten zu den Themen der einzelnen Wochen,
Studienmaterial für Kleingruppen
und weitere Informationen finden Sie unter:
www.brunnen-verlag.com

Vorwort

„Es könnt' alles so einfach sein ..."

So beginnt nicht nur das bekannte gleichnamige Lied von den Fantastischen Vier, sondern auch so mancher Seufzer enttäuschter Zeitgenossen.

„Es könnt' alles so einfach sein – isses aber nicht!" Ursache für diese frustrierende Bestandsaufnahme sind relativ häufig Enttäuschungen und Missverständnisse zwischen Menschen, die sich besonders nahe stehen. „Es kriselt halt überall", so sagte mir erst kürzlich ein Nachbar, „vor allem dort, wo Menschen miteinander zu tun haben." Dabei ist oft nicht nur die „klassische Beziehung" zwischen Mann und Frau betroffen, sondern mindestens ebenso häufig auch die zwischen Kollegen, Nachbarn, Freunden, Familienangehörigen und Gemeindemitgliedern. Es scheint sich zu bewahrheiten, was John Ortberg mit seinem Stachelschwein-Vergleich auf den Punkt bringt: Je näher zwei Stachelschweine sich kommen, desto höher ist die Wahrscheinlichkeit, dass sie sich gegenseitig verletzen.[1]

Wenn das tatsächlich auch für Menschen gilt, dann wäre die logische Folge, Abstand zu halten. Sich nicht zu nahe zu kommen. Das wiederum würde dazu führen, dass wir vereinsamen und innerlich Schaden nehmen. Der Mensch ist nun mal ein soziales Wesen und braucht Kontakte zu seinesgleichen – auch und vor allem nahe Kontakte. Was also können wir tun?

„Eine Reise von tausend Meilen beginnt mit dem ersten Schritt." – Dieses alte chinesische Zitat möchte ermutigen, vor großen, scheinbar unlösbaren Aufgaben nicht zu verzagen, sondern sie

mutig und in kleinen Schritten anzupacken. Genau das ist das Ziel von „Kompliziert sind nur die anderen – Sieben Wochen für heile Beziehungen". In sieben Wochen, also in 49 kleinen Schritten, können wir an unseren Beziehungen arbeiten. Auch wenn das anfangs noch keine großen Erfolge zu bringen scheint, so sind es doch sieben intensive Wochen mit vielen guten und wertvollen Anstößen, die nachhaltig wirken.

Grundlage und Quelle dieser Anstöße ist die Bibel – ein Bestseller in Sachen Beziehungen und Beziehungspflege. Von allen nur denkbaren zwischenmenschlichen Krisen und Schandtaten wird dort berichtet. Keine Tiefe und kein Abgrund werden verschwiegen. Ebenso finden wir darin aber auch viele wertvolle Texte über Krisenbewältigung und Heilung, Vergebung und Versöhnung. Keine Wunde ist so tief, als dass sie im Lichte Jesu nicht genesen könnte.

Er, der das Beziehungswesen schlechthin ist, der uns Menschen als solche geschaffen hat, weiß auch, wie sie gelingen können, unsere Freundschaften. Ja sogar, wie sie zu dem werden können, was sie eigentlich sein sollen: Quelle der Kraft und Freude, des Wohlfühlens und Angenommenseins. Das wiederzuentdecken, ist das Ziel der kommenden sieben Wochen. Da wollen wir hin. Auf geht's!

Drei Fliegen mit einer Klappe

Wenn es uns gelingt, zwei Ziele oder Absichten mit einem Arbeitsgang zu erledigen, dann benutzen wir gerne das alte Sprichwort, zwei Fliegen mit einer Klappe erschlagen zu haben. Was in der Realität nicht ganz einfach ist, denn nur sehr selten sitzen zwei Fliegen so dicht beieinander, dass man sie gleichzeitig erwischen kann – aber das nur nebenbei.

„Kompliziert sind nur die anderen" setzt dem noch eins drauf. Sie können damit nicht nur zwei, sondern tatsächlich drei überaus gute Ziele gleichzeitig erreichen:

Alleine oder zu zweit

Sie können es als Impulsbuch für sich alleine oder mit Ihrem Partner lesen und die neunundvierzig Impulse in sieben Wochen als Andachtsbuch nutzen. Wenn Sie dann mal einen Tag nicht schaffen, ist das nicht weiter tragisch, weil Sie das Tempo selbst bestimmen und den Tag nachlesen können. Oder vielleicht ist ja auch das ein oder andere Wochenthema für Sie gar nicht interessant und Sie überspringen es einfach – falls Sie zum Beispiel tatsächlich niemanden kennen, mit dem Sie sich in „herzlicher Abneigung verbunden" fühlen (Aber dann melden Sie sich bitte bei mir – ich möchte Sie kennenlernen.)

Hauskreis oder Kleingruppe

Die zweite Möglichkeit besteht darin, „Kompliziert sind nur die anderen" als Projekt mit einer Gruppe (z. B.: Hauskreis) durchzuführen und dazu die vorbereiteten Hauskreisunterlagen von der Homepage des Brunnen-Verlags (www.brunnen-verlag.com) herunterzuladen. Die Tageseinheiten liest dann jeder Teilnehmer für sich alleine, und im wöchentlich stattfindenden Treffen können Sie anhand der Unterlagen das jeweilige Wochenthema noch einmal vertiefen. Der Vorteil liegt darin, dass Sie die einzelnen Themen noch mal als Gruppe besprechen und dazu die guten und wertvollen Gedanken der anderen Teilnehmer hören und Ihre eigenen vielleicht entstandenen Fragen nennen können. Gemeinsam hat man mehr davon.

Die ganze Gemeinde

Die dritte „Fliege" ist die größte, aber auch interessanteste. „Kompliziert sind nur die anderen" lässt sich hervorragend als Sieben-Wochen-Konzept für die ganze Gemeinde anwenden. Auf der bereits erwähnten Homepage des Brunnen-Verlags finden Sie neben den Hauskreisunterlagen auch ausgearbeitete Predigtvorschläge zu den sieben Wochenthemen. Die kann Ihre Gemeinde nutzen, um daraus sieben aufeinanderfolgende Gottesdienste zu gestalten und damit das jeweilige Wochenthema zu eröffnen (Ihr Pastor wird sich freuen).

Unter der Woche lesen dann alle Teilnehmer die Tageseinheiten und treffen sich zusätzlich in den Kleingruppen, um die Themen und Fragen noch mal zu besprechen und zu vertiefen. Dadurch bekommt das Projekt wesentlich mehr Breite und Nachhaltigkeit, weil sich eben die ganze Gemeinde auf mehreren Ebenen damit auseinandersetzt.

In Planung befinden sich außerdem noch Entwürfe für Kindergottesdienste und Jugendkreise, damit wirklich alle Altersgruppen vorkommen und davon profitieren.

Danke!

Bedanken möchte ich mich bei Andreas Malessa, der sich an einem lauen Sommerabend auf Korsika bei einem Glas Wein von mir hat überreden lassen, bei dem Projekt als Gastautor mitzumachen. „Kompliziert sind nur die anderen" hat durch seine guten und wertvollen Impulse sehr gewonnen. Sowohl sein theologisches als auch sein journalistisches Fachwissen hat Andreas mit eingebracht. Danke!

Ebenso möchte ich mich bei Uwe Beer bedanken, durch dessen Bilder und Zeichnungen die Tageseinheiten sowohl anschaulicher als auch verständlicher geworden sind. Ein Bild sagt mehr als tausend Worte. Und wenn beides zusammenkommt, wie in unserem Fall, ist die Nachhaltigkeit am höchsten. Danke!

Und ein letzter Dank gilt Uwe Bertelmann, dem Lektor des Brunnen-Verlags, der viel Geduld und Nachsicht für meine manchmal etwas verrückten Ideen hatte. Ich glaube, es hat sich gelohnt!

Viel Spaß beim Lesen und Anwenden!

Harald Orth

Woche 1

Seelenklempner, Sündenvergeber, Seligmacher???

Eine heile Beziehung zu meinem Schöpfer

von Harald Orth

Eine Kreuzspinne ist eine perfekte Netzwerkerin – im wahrsten Sinne des Wortes. Es ist ihr in die Wiege gelegt, ohne fremde Hilfe und Material nahezu perfekte Netze zu bauen, um damit Insekten zu fangen. Für ihr Netzwerk benutzt sie immer den gleichen Bauplan, der nach dem sogenannten Y-Modell funktioniert: An drei Fixpunkten (Äste, Fensterbänke etc.) befestigt sie die sogenannten Stützfäden, die sehr stabil sein müssen, weil sie das ganze Netz tragen. Dann beginnt sie von der Mitte nach außen zu arbeiten und spinnt ein engmaschiges sogenanntes Radnetz, in dem nach Fertigstellung alle Fäden miteinander verbunden sind. Ein gut funktionierendes und sehr durchdachtes Zuhause, ohne das eine Kreuzspinne nicht überleben kann.

In den nächsten Tagen und Wochen werden Sie in Ihre Beziehungen investieren. Anders gesagt: Sie werden an Ihrem Netzwerk arbeiten. Und das ist eine sehr gute Investition, weil Beziehungen für uns lebensnotwendig sind. Umso besser und intakter unser „Beziehungsnetz" ausgebaut ist, desto wohler fühlen wir uns.

In dieser ersten Woche beginnen wir mit dem Stützfaden, dem wesentlichen und tragenden Seil, das alle anderen trägt und hält: die Beziehung zu unserem Schöpfer. Diese muss – ähnlich wie bei der

Kreuzspinne – stabil sein und gut funktionieren, weil sie die anderen Beziehungen maßgeblich beeinflusst. Deshalb tun Sie gut daran, hier mit besonderer Sorgfalt vorzugehen. Sie werden es merken.

1

Was wir von der Milchkuh Nr. 400 lernen können

Die Journalistin Tanja Busse ist in den 1970er- und 80er-Jahren auf einem Bauernhof in Ostwestfalen aufgewachsen und hatte eine Kindheit wie in Bullerbü. Zwischen Hühnern und Schweinen, Katzen und Ponys, einem Pferd und 25 Kühen wurde sie groß und durfte alles das hautnah miterleben, wovon Großstadtkinder heute nur träumen: Reiten und Tiere füttern, Trecker fahren und Kälber zur Welt bringen, alles das und vieles mehr gehörte für sie zum sorglosen Kinderleben dazu. Und zu alledem gab es da noch Olga, die Kuh, die sie von allen am liebsten mochte. Die sie in ihr Kinderherz geschlossen hatte, weil der Vater irgendwann einmal erwähnte, dass sie die frommste im Stall wäre. Olga mochte es, wenn man sie zwischen den Hörnern kraulte, und sie hatte einen absolut liebevollen Blick. Für Tanja Busse war Olga mehr als nur eine Kuh, viel mehr. Sie war ein Teil ihres Lebens geworden, der nicht mehr wegzudenken war. Eine glückliche und unbeschwerte Kindheit.

Begriffe wie Effizienz und Optimierung haben aber nicht nur in der Autoindustrie Einzug gehalten, sondern auch auf vielen Bauernhöfen. Wörter,

deren weitreichende Folgen zunächst keiner abschätzen konnte und die heute dazu geführt haben, dass das süße, kindliche Landleben verschwunden ist. Bullerbü gibt es nicht mehr. Das beginnt schon mit der Anzahl der Kühe: Kein Bauer kann heute noch von 25 Exemplaren leben. Die optimale Menge beginnt bei 400. Eine Kuh, die, wie damals Olga, ca. 5000 Liter Milch im Jahr produziert, wird abgeschafft. Ab 8000 Liter rechnet sich heute eine Milchkuh. Die Haltung der Tiere, das Füttern und Melken, ja sogar die Lebensdauer stehen im 21. Jahrhundert unter der großen Überschrift „Optimierung und Effizienz". Der Ertrag muss stimmen; alles andere ist unwichtig. Die Kühe haben heute auch keine Namen mehr, sondern Nummern. Wer kann sich schon 400 Namen merken? Wozu auch, wenn sie nach zwei bis drei produktiven Jahren wieder abgeschafft werden?[2]

Im ersten Korintherbrief hält Paulus eine sehr leidenschaftliche Predigt, um die Botschaft vom Kreuz zu verteidigen. Offensichtlich gab es nicht nur bei den Korinthern, sondern auch in anderen Gemeinden erhebliche Zweifel an der Echtheit und Notwendigkeit der Botschaft von Paulus.

Die gemeinsame Schnittmenge der Angriffe der griechischen und jüdischen Zeitgenossen fasst Paulus unter folgender Bestandsaufnahme zusammen: *„Die Juden fordern Zeichen und die Griechen fragen nach Weisheit ..."* (1. Korinther 1,22, L) – und vermutlich waren von diesem Denken viele Gemeindeglieder beeinflusst. Nicht die Person Jesus Christus war der Kern ihres Glaubens, sondern das, was man von ihm erhofft und erwartet hatte: Zeichen und Wunder, kluge Gedanken und neue Erkenntnisse. Jesus ist den Menschen nicht um seiner selbst willen wertvoll und wichtig. Sie suchten keine Beziehung zu ihm, sondern lediglich den Ertrag. So ähnlich wie bei der Kuh Nr. 400. Was habe ich davon, diesem Jesus nachzufolgen? Was bringt es mir, an ihn zu glauben? Das Ergebnis dieser Suche entsprach wohl auch bei manchen Leuten in der Gemeinde von Korinth nicht ihren Wünschen: zu wenige Wunder. Zu wenige spektakuläre Ereignisse. Zu einfache Botschaft. Deshalb wurde er, der

Gekreuzigte, verworfen und die Suche ging weiter. Genau das kritisiert Paulus leidenschaftlich, weil man die rettende Botschaft vom Kreuz dadurch untergräbt.

Mit einigen Freunden haben wir uns bei einer Wochenendfreizeit einmal die Mühe gemacht, unsere Gebete zu analysieren. Was kommt in meinen Gebeten vor? Wie gestalte ich die Kommunikation mit meinem Gott? Ist es so, wie wir es gelernt hatten: zuerst auf Gott hören und dann zu jeweils einem Drittel anbeten, danken und bitten? Wir zogen uns für eine halbe Stunde zum Nachdenken zurück und kamen dann wieder zusammen, um unsere Ergebnisse auszutauschen. Peinliche Stille. Keiner wollte anfangen. Was war geschehen? Nun, wir waren alle zu der peinlichen Erkenntnis gelangt, dass sich in unseren Gebeten einiges verschoben hatte. Im Durchschnitt bestand unser Reden mit Gott zu 90 % aus Bitten. Unser Hauptanliegen war, Gott unsere Nöte und Schwierigkeiten vorzutragen und ihn um positive Veränderung anzuflehen. Alles andere war Nebensache. Kennen Sie das?

Es geht uns nicht mehr um die Person Jesus und um seinen heiligen Namen. Wir suchen nicht mehr die Beziehung zu ihm, sondern den Ertrag, den wir uns von ihm versprechen. Wir haben ihn, den Sohn Gottes, degradiert zum Heiler und Helfer, Retter und Bewahrer, Gebetserhörer und Glücklichmacher, Seelenklempner und Friedensstifter, Sündenvergeber und Lastabnehmer. Das erwarten und erbitten wir von ihm und wenn er es nicht tut, sind wir sauer. Dazu ist er schließlich Mensch geworden, oder?

Im letzten Buch der Bibel, der Offenbarung, können wir nachlesen, wie Jesus das sieht; welche Ziele er mit uns Menschen hat und worin er seinen Auftrag sieht: „Merkst du nicht, dass ich vor der Tür stehe und anklopfe? Wer meine Stimme hört und mir öffnet, zu dem werde ich hineingehen, und wir werden miteinander essen – ich mit ihm und er mit mir" (Offenbarung 3,20).

Stellen Sie sich vor: Jesus steht vor Ihrer Haustür und klopft an. Er macht keine Versprechungen, stellt keine Belohnung in Aussicht und hat noch nicht einmal ein Geschenk dabei. Er will einfach nur Gast bei Ihnen sein. Er sucht einfach nur Gemeinschaft und möchte mit und bei Ihnen essen. Ehrliche Frage: Lohnt es sich unter diesen Voraussetzungen, ihm zu öffnen? Wäre ein schöner Fußballabend mit Freunden nicht besser? Oder ein Essen beim Italiener? Da würde ich zumindest noch bedient.

Eine (heile) Beziehung zu meinem Schöpfer (unser Wochenthema) beginnt damit, dass wir uns zuerst einmal unserer Motive ihm gegenüber bewusst werden. Was verbirgt sich hinter meinem Christsein? Etwa die Hoffnung und Erwartung, dass er mich beschenkt und glücklich macht, oder gibt's da noch was anderes?

Zum Weiterdenken

» Familie, Freunde, Kollegen – bei welchen Ihrer persönlichen Beziehungen geht es vor allem um den anderen Menschen, bei welchen eher um gegenseitigen Vorteil?
» Erinnern Sie sich noch an die Motive, die Sie bewogen haben, Christ zu werden?
» Was bringt Ihnen Ihr Christsein? Haben Sie schon mal versucht, mit Gott einen „Deal" auszuhandeln (Wenn du das und das tust, dann werde ich …)?
» Wie können Sie (immer mehr) dahin kommen, Gott um seiner selbst willen zu lieben?

Zum Weiterlesen

Hiob 1 und 42,1-5; Psalm 29; Offenbarung 4 und 5,6-10

Ich bitte fast nur

2

Was wir von Anne Will lernen können

Anne Will, der Name steht in Deutschland für eine Polit-Diskussionsrunde, die sie einmal pro Woche selbst moderiert und die live übertragen wird. Meistens sitzen sechs bis acht einflussreiche Personen mit ihr am Tisch und reden über aktuelle politische Themen – in der Regel sehr fundiert und manchmal auch emotional. Das verleiht der Sendung ein gewisses Profil. Nahezu alle Polit-Promis waren schon bei ihr zu Gast. Manche auch mehrmals. Die Palette der Themen, die an solchen Abenden behandelt werden, ist so groß wie der politische Alltag: vom „Diesel-Chaos" bis hin zu den großen Fragen der internationalen Weltpolitik. Alles kam schon vor.

Etwas völlig Neues allerdings konnten die Zuschauer bei der Sendung am 06.03.2016 erleben. Unter den Gästen war unter anderem der damalige Bundesjustizminister Heiko Maas, der zwar bekannt ist für seine ausgewogenen und kenntnisreichen Beiträge, aber aufgrund seines Ministeriums relativ selten eingeladen wurde. Auffällig allerdings war ein Mann auf der Zuschauertribüne, der jedes Mal nach einem Wortbeitrag von Heiko Maas klatschte, als ob dieser soeben das Rad neu erfunden hätte. Natürlich applaudieren immer wieder mal Zuschauer, wenn ihrer Meinung nach etwas Gutes gesagt wird, aber meistens nicht so auffällig und extrovertiert wie dieser Mann. Das sorgte für Erstaunen. Und siehe da, nachdem man ihn „untersucht" hatte, kam heraus: Er war der Pressesprecher des Ministers.[3]

Ein Schelm, wer nun Böses dahinter vermutet. Vielleicht, dass Herr Maas ihn extra deswegen mitgebracht hat, um ein wenig Eigenwerbung zu machen. Vielleicht auch, dass der Mann nur applaudiert hat, weil es sein Job ist und er inhaltlich gar nicht immer hundertprozentig hinter dem steht, was sein Chef sagt. Möglich ist alles. Aber verlassen wir das Feld der Spekulationen und wenden uns dem Realen zu.

Real ist, dass genau dieses Verhalten leider auch in christlichen Kreisen sehr häufig anzutreffen ist. Menschen bezeichnen sich als Christen, weil sie einer Kirchengemeinde angehören. Sie vertreten eine christliche Ethik, unterstützen fromme Werke mit ihrem Geld, besuchen Gottesdienste und kleben einen Fisch auf ihr Auto. Das alles sind Möglichkeiten, sich passiv zum christlichen Glauben zu bekennen – stilles Applaudieren, sozusagen. Ob sich hinter diesem Verhalten auch die entsprechende innere Überzeugung verbirgt, bleibt allerdings offen.

Real ist, dass man frommes Reden und Tun lernen kann, ähnlich wie man eine fremde Sprache lernt. Man eignet sich die biblisch korrekten Vokabeln an, guckt sich christliches Verhalten von anderen ab und macht es nach. Man besucht entsprechende Kreise, um stetig ein wenig erlöster zu wirken und somit das Gefühl des Dazugehörens zu bekommen.

Real ist, dass solches Verhalten auch in der Bibel anzutreffen ist, und dass es jedes Mal einen sehr negativen Beigeschmack hat – ähnlich wie bei Heiko Maas und seinem Pressesprecher. Obwohl die betroffenen Menschen nur Gutes und Richtiges sagen und/oder tun.

Ein sehr plastisches Beispiel für solches Verhalten finden wir in Apostelgeschichte 19. Dort wird davon berichtet, dass viele Menschen zum ersten Mal Zeugen der heilenden Kraft Gottes wurden und überwältig waren von dem, was sie erlebt hatten. Die Apostel trieben im Namen Jesu Dämonen aus, heilten schwer kranke Menschen und überzeugten führende Politiker von diesem Messias. Die Predigten, die sie hielten, wurden durch ihre Taten unterstützt und bestätigt. Das erhöhte ihre Glaubwürdigkeit. Reisende Prediger und scheinbare Wunderheiler gab es zwar schon viele, aber noch keine, die über solche übersinnlichen Kräfte verfügten. Das war neu und schlug hohe Wellen.

Dadurch kam bei einigen Zuhörern der nachvollziehbare Gedanke auf: „Wir müssen nur im Namen dieses gekreuzigten und auferstandenen Jesus von Nazareth auftreten, dann können wir auch solche Wunder vollbringen. Das Geheimnis der Kraft liegt in der richtigen Wortwahl", so dachten sie. Daraufhin lernten sie die passenden Vokabeln und versuchten bei der nächsten Großveranstaltung ihr Glück. Das aber ging total daneben, weil ihnen nichts von all den Wundern gelang, die sie bei den echten Aposteln gesehen hatten. Sie wurden nicht zu den neuen Helden der Stadt, sondern mussten fliehen, weil sie sich durch ihr Verhalten selbst bloßgestellt hatten. Peinlich!

Demnach ist es also nicht entscheidend, welche Worte oder Gesten wir benutzen. Das Wort Gottes funktioniert nicht wie eine Zauberformel. Es kommt auch nicht auf eine rhetorisch und grammatisch einwandfreie Rede an oder auf möglichst viel fromme und geistlich wirkende Worte. Die Kraft des Evangeliums, von der Paulus im Timotheusbrief schreibt, können wir dadurch nicht anzapfen. Wer das meint, schadet sich nur selbst, weil es auf Außenstehende scheinheilig wirkt, so ähnlich wie bei Herrn Maas und seinem Mitarbeiter. Was aber ist es stattdessen? Wodurch wird der Glaube authentisch?

Zum Weiterdenken

» Wo ist für Sie die Grenze zwischen legitimer Loyalität und klugem Abwägen einerseits und Heuchelei andererseits?
» Wo sind Ihnen in der Gemeinde oder am Arbeitsplatz „politische Statements" begegnet, mit deren Aufrichtigkeit es vermutlich nicht weit her war?
» Wo haben Sie sich selber schon mal bei „frommen Taten" ertappt, die aber nicht von Herzen kamen?

Zum Weiterlesen

Jesaja 1,8-17; Amos 5,21-25; Matthäus 15,1-20; 23,1-36

3

Was wir von einem Perpetuum mobile lernen können

Perpetuum mobile (Deutsch: „ständig in Bewegung") – hinter diesem abstrakten und mechanisch klingenden Begriff verbirgt sich ein sehr alter Menschheitstraum oder besser gesagt: ein bis heute unerfüllter Wunsch von Wissenschaftlern, der der Menschheit große Erleichterung bringen könnte. Kurz gesagt besteht dieser Traum darin, eine Maschine zu bauen, die unaufhörlich in Bewegung ist und Arbeit verrichtet, ohne dass man ihr dafür Energie zuführen muss. Der einzige äußere Impuls, den dieses System braucht, ist der Startknopf, die Initialzündung sozusagen, mit der der Kreislauf beginnt. Von da an läuft und arbeitet das System unaufhörlich dadurch, dass es sich seine benötigte Energie selbst zuführt.

Die ersten nachweisbaren Belege für diesen Traum stammen aus dem 12. Jahrhundert aus Indien und Arabien. Dem folgen zahlreiche weitere Versuche und Pläne bis ins 18. Jahrhundert, die aber alle relativ schnell an der Realität scheiterten und auf dem Altpapierstapel der Patentämter landeten. Sogar Leonardo Da Vinci entwarf im 15. Jahrhundert einige solcher Konstruktionen, mit denen er versuchte, das Rätsel zu lösen. Aber auch er musste kapitulieren und kam schließlich zu der Erkenntnis, dass der Wunschtraum nicht in Erfüllung gehen kann. Dreihundert Jahre später lieferten andere Wissenschaftler den notwendigen Beleg für diese Unmöglichkeit im sogenannten Energieerhaltungssatz.

Zusammenfassend wurde somit festgestellt, dass es kein in sich selbst funktionierendes System gibt. Jede Bewegung und jede Kraft ist über kurz oder lang auf äußere Energiezufuhr angewiesen, sonst versagt sie ihren Dienst.[4]

Vor einigen Wochen traf ich zufällig einen alten Freund auf einer Beerdigung wieder – leider ein trauriger Anlass. Wir hatten uns schon viele Jahre aus den Augen verloren, obwohl wir einmal sehr eng miteinander befreundet gewesen waren. Nach dem anfänglichen Small Talk kamen wir dann auch relativ bald auf wichtigere Fragen zu sprechen und er erzählte mir voller Überzeugung, dass er jetzt sein eigener Chef geworden wäre. Ich dachte zuerst, er meinte damit eine berufliche Selbstständigkeit, womit ich aber weit danebenlag. Er sprach von seinem geistlichen Zustand. Er habe sich, so erklärte er weiter, aufgrund schlechter Erfahrungen von der Gemeinde verabschiedet und würde sich seine geistlichen Impulse jetzt durch Internetpredigten so zusammenstellen, wie und wann er sie brauche. Damit käme er viel besser klar als mit all den äußeren Ansprüchen. Außerdem müsse er sich jetzt nicht mehr ständig mit anderen Christen auseinandersetzen und ihnen gegenüber rechtfertigen.

Ein konsequenter Entschluss, womit ich beim besten Willen nicht gerechnet hatte. Ich versuchte noch, seine Entscheidung durch ein paar kluge Impulse zu hinterfragen, kam damit aber nicht sehr weit. Er hatte sich entschieden und war sich seiner Sache sicher.

Seitdem geht er mir nicht mehr aus dem Kopf, mein lieber alter Freund. Ich denke oft an dieses Gespräch zurück und habe inzwischen zweierlei festgestellt: Zum einen muss ich ihm zugutehalten und anerkennen, dass er konsequent ist und anderen nichts vorspielt, was seiner geistlichen Überzeugung widerspricht. Wie viele andere „Namens-Christen" tun das nicht, sondern versuchen stattdessen, einen äußeren Schein zu wahren, der aber keinesfalls das wiedergibt, was sie glauben. Also: Hut ab vor seiner Transparenz und Ehrlichkeit. Zum anderen aber bin ich davon überzeugt, dass mein lieber Freund eine wichtige Weiche falsch gestellt hat. Und wie bei echten Weichen auch, wird er die weitreichende Konsequenz davon erst später erfahren.

Die Bibel sagt sehr deutlich, dass es (auch) im geistlichen Leben kein Perpetuum mobile gibt! Kein Christ kann sich selbst auf Dauer mit dem versorgen, was er zum geistlichen Leben und Wachsen braucht. Paulus vergleicht diesen Grundsatz mit einem menschlichen Körper und sagt, dass jedes Körperglied nur dann lebendig und „funktionstüchtig" ist, wenn es am Körper bleibt. Die notwendige Energiezufuhr geschieht durch den ständigen Austausch und den Zusammenhalt mit den anderen Gliedern – wie das beim menschlichen Körper auch der Fall ist. Wer also meint, er könne zum geistlichen Selbstversorger werden, gleicht, bildlich gesprochen, einer amputierten Hand, die darauf stolz ist, endlich frei und unabhängig zu sein (1. Korinther 12,12-31).

Das Gefährliche an der scheinbaren geistlichen Selbstständigkeit liegt darin, dass sie meistens das Ergebnis eines langwierigen Ablösungsprozesses ist. Die wenigsten Menschen verabschieden sich von heute auf morgen aus ihrem geistlichen Kontext (Gemeinde, Hauskreis, Freunde etc.), das wäre ihnen viel zu radikal und auffällig.

Zum Weiterdenken

» Kennen Sie in Ihrem privaten oder beruflichen Umfeld vermeintliche „Selbstläufer", die sich aber doch totgelaufen haben?
» Wenn Sie zu einer christlichen Gemeinde gehören bzw. irgendwie in eine Gemeinschaft von Christen eingebunden sind – wie hoch würden Sie auf einer Skala von 1 bis 10 Ihre Verbundenheit damit bewerten?
» Was motiviert Sie, in dieser Gemeinde/Gemeinschaft zu bleiben?

Zum Weiterlesen

Hebräer 10,19-25; 1. Timotheus 4,9-22

4

Was wir von einem Olm lernen können

Wissen Sie, was ein Olm ist? Genauer gesagt, ein Grotten-Olm? Nein? Dann geht es Ihnen wie den meisten Deutschen, die beim erstmaligen Kontakt mit diesem Wort vermuten, dass sie sich verhört haben. Was eine *Alm* ist, das wissen wir. (Der Berg ruft!) Auch das Wort *Ulm* können wir zuordnen – nämlich einer Stadt in Bayern. Mit *Olm* allerdings können die wenigsten etwas anfangen. Nie gehört, geschweige denn gesehen. Keine Ahnung!

Das wird sich heute ändern. Nachdem Sie diesen Text gelesen haben, werden Sie sich fragen, warum Sie sich nicht schon viel früher mit dem Grotten-Olm beschäftigt haben. Denn er hat viele Anlagen und Eigenschaften, die manche von uns auch gerne hätten. Nicht umsonst bezeichnen ihn die Slowenen als „Menschenfischlein". Da muss es also eine gewisse Verwandtschaft geben. Dazu aber später mehr. An dieser Stelle folgt zuerst einmal die korrekte Bezeichnung dieses sonderbaren Wesens und dessen Lebensraum: Der Grotten-Olm (*proteus anguinus*) ist ein Schwanzlurch und gehört zur Gattung der Amphibien. Er wird

ca. 30 cm lang, wiegt 20 Gramm und sieht aus wie ein Regenwurm mit Helm – also ziemlich hässlich. Er lebt am liebsten in dunklen, feuchten Höhlen und meidet das Licht, wo er nur kann, weil es seine empfindliche Haut angreift. Er führt ein recht bescheidenes Dasein und möchte am liebsten in Ruhe gelassen werden.

Trotz dieser unspektakulären Fakten trägt das Menschenfischlein für die Wissenschaft noch einige ungelöste Rätsel mit sich herum, die bislang noch bei keinem anderen Tier entdeckt wurden: Der Olm durchläuft keine Metamorphose – verändert sich also nicht – und kann dennoch bis zu einhundert Jahre alt werden. Er bleibt in der Entwicklung der Larve stehen und das für sehr lange Zeit.

Anders gesagt: Er wird nie erwachsen, aber lebt länger als die meisten Menschen. Wie ist das möglich? Wo liegt die Ursache für diesen Jungbrunnen? Dazu gibt es bislang leider noch keine Beweise, was sehr schade ist. Denn wenn es sie gäbe, würden sie sicher auf großes Interesse stoßen. Der Traum von der ewigen Jugend könnte vielleicht wahr werden. Fit und faltenfrei bis ins hohe Alter – das wäre doch ein Ziel, für das sich sicher viele interessieren würden.

Aber noch ist es nicht so weit. Die Wissenschaft arbeitet auf Hochtouren. Und wenn das Rätsel gelöst ist, werden wir es sicher bald erfahren.[5]

Ob Jesus wohl den Grotten-Olm vor Augen hatte, als er zu seinen Jüngern sagte: „Ich versichere euch: Wenn ihr nicht umkehrt und wie die Kinder werdet, könnt ihr nicht ins Himmelreich kommen" (Matthäus 18,2). Lassen wir uns das mal auf der Zunge zergehen: Jesus empfiehlt erwachsenen Leuten, wieder zu Kindern zu werden und (wenn möglich) in diesem Stadium zu verharren, weil sie sonst das ewige Leben verlieren. Eine Empfehlung, die es wirklich in sich hat, weil sie allem diametral gegenübersteht, was wir kennen und vertreten: der selbstständige und eigenverantwortliche Mensch, der freiwillig und aus Überzeugung dem nachfolgt, der für ihn gestorben und auferstanden ist. Der Mensch, der sich im Lichte Jesu spiegelt und dadurch erkennt, dass er Erlösung von seiner Sünde braucht.

Das kann man von einem Kind natürlich (noch) nicht erwarten, weil ihm dazu die nötige Reife und Erkenntnisfähigkeit fehlt. Kinder sind, und das ist auch gut so, in diesem Sinne verantwortungslos. Sie müssen und können nicht zur Rechenschaft gezogen werden für etwas, das sie nicht verstehen. Deshalb sind Kinder im bürgerlichen Sinn bis zum achtzehnten Lebensjahr noch nicht voll haftbar. Die Verantwortung liegt bei den Eltern.

Welche Botschaft wollte Jesus vermitteln, wenn er sagt, dass wir wieder zu Kindern werden sollen? Nach der „Olmschen-Methode" biologisch jung zu bleiben ist schwer möglich. Wir werden nun mal jeden Tag ein Stückchen älter – auch unser Körper. Wir können die Zeit nicht anhalten. So kann Jesus das also nicht gemeint haben. Kindlich naiv zu bleiben und unseren Verstand an der Garderobe abzulegen ist mit Sicherheit auch nicht gewollt, weil Jesus an anderer Stelle Weisheit und Klugheit sehr deutlich lobt und anerkennt (Matthäus 10,16; Lukas 16,8). Was also will Jesus uns damit sagen?

Um in dieser Frage weiterzukommen, möchte ich uns ein Gedankenbild vor Augen malen: Stellen Sie sich vor, Ihnen steht ein Kind gegenüber; sagen wir mal, ein fünfjähriges Mädchen. Was unterscheidet Sie von dem Kind? Der Blickwinkel! Das Mädchen schaut, um Sie anzusehen, von unten nach oben – im Gegensatz zu Ihnen. Sein ganzes Kinderleben verläuft in dieser Position: Die Erwachsenen sind groß und ich bin klein. Im Laufe der Zeit aber verändert sich dieser Blickwinkel. Umso älter es wird, desto weniger muss das Mädchen nach oben schauen, und irgendwann diskutiert es als Erwachsene mit uns auf Augenhöhe, und irgendwann ist es vermutlich einen Kopf größer als seine Eltern. Da hat sich, sowohl äußerlich als auch innerlich, etwas Wesentliches verändert. Und genau diese Veränderung ist im geistlichen Leben nicht gut. Mehr noch: Sie führt zum Verlust des ewigen Lebens. Weil wir mit Gott nie auf Augenhöhe diskutieren können, sondern immer seine Kinder bleiben, die ganz von seiner Liebe und Gnade abhängig sind.

Zum Weiterdenken

» Wenn wir den Vergleich zwischen einem Erwachsenen und einem Kind auf das Verhältnis von Gott und Mensch übertragen – was bedeutet der Blickwinkel, und wodurch verändert er sich?

» Was können wir tun oder lassen, um (auch) als Erwachsene das „Nach-oben-Schauen" beizubehalten? Was würde das bedeuten?

» Woran kann man in unserem Bibeltext erkennen, dass die Jünger Jesu versuchen, mit ihrem Herrn auf Augenhöhe zu diskutieren? Kommt so etwas bei Ihnen auch schon mal vor?

Zum Weiterlesen

1. Samuel 13,1-14; Johannes 21,15-24; Römer 3,21-31

5

Was wir vom Ozonloch lernen können

Das Wort „Ozonloch" galt in den 1980er- und 90er-Jahren nicht nur als Reizwort, sondern auch als ein Begriff, mit dem man Angst und Panik schüren konnte. Die Nachricht, dass die schützende Ozonschicht über der Antarktis brüchig geworden sei und ein riesiges Loch die Sonnenstrahlen ungefiltert zur Erde durchlasse, verbreitete sich wie ein Lauffeuer. Die Folgen dieser Katastrophe wurden dunkelgrau bis schwarz an die Wand gezeichnet: Erderwärmung und Treibhauseffekt, Trockenheit und Ernteausfälle, Hautkrebs und Erblindung bei Mensch und Tier. Dadurch wurde von heute auf morgen in nahezu ganz Europa darüber diskutiert, wie man den Ausstoß des schädlichen FCKW verringern könne, denn dieses weitverbreitete Gas gilt bis heute als Ursache des Ozonlochs. Kühlschränke und Gefriertruhen ebenso wie die Behälter von Deo und Haarspray wurden ersetzt durch FCKW-freie Produkte. Katalysatoren wurden eingeführt, die Ausstöße von Schornsteinen kontrolliert und vieles mehr. Doch kluge Forscher bezeichneten damals alle diese Aktionen als Tropfen auf den heißen Stein. Im Vergleich zum weltweiten FCKW-Ausstoß scheint es in der Tat nicht sehr vielversprechend, wenn ein paar Europäer statt Achselspray einen Deoroller benutzen. Entweder wir machen daraus eine weltweite Initiative oder wir können es gleich sein lassen. Außerdem werden erste Erfolge – wenn überhaupt – ziemlich lange auf sich warten lassen, weil bereits sehr viel FCKW in der Umwelt ist. So ähnlich wurde damals argumentiert. Und der „kleine Mann" fühlt sich bis heute ziemlich schlecht und ohnmächtig.

Umso erstaunlicher, geradezu unglaubwürdig erschien die Nachricht, die vor einigen Jahren durch die Medien ging: „Das

Ozonloch schrumpft!" Ich traute meinen Augen nicht und verschlang die Artikel sofort. Und tatsächlich, es war kein Druckfehler. Neueste Messungen haben ergeben, dass das Ozonloch tatsächlich kleiner geworden ist und bei weiterhin günstiger Entwicklung in den nächsten Jahrzehnten noch weiter schrumpfen wird. Manche sehen schon, dass wir in nicht allzu großer Ferne wieder eine lückenlose Schutzschicht um die Erde haben werden. Halleluja, kann ich da nur sagen.

Nun liegt die Frage nahe, was den Umkehrschluss bewirkt hat. Wie ist diese erfreuliche Trendwende zu erklären? Das lässt sich nach Ansicht der Wissenschaftler auf einen ziemlich einfachen Nenner bringen: Der kontinuierliche Beitrag vieler einzelner Nationen (inzwischen 160) trägt nach fast dreißig Jahren seine ersten Früchte. Gemeinschaftliches Handeln und Geduld sind somit die Rezeptur, mit der man scheinbar Aussichtsloses bewirken kann. [6]

Im zweiten Buch Mose finden wir die Geschichte von einem sehr hartherzigen und verstockten ägyptischen Herrscher (genannt: Pharao), der sich partout nicht auf den Gedanken einlassen wollte, seine Sklaven, die Israeliten, freizugeben. Seit mehr als 400 Jahren gehörten sie zu seinen Untergebenen, die für die Drecksarbeit zuständig waren. Wann immer es etwas zu tun gab, wofür sich der feine Ägypter zu schade war, ließ er einige der Israeliten rufen. Die erledigten das. Dafür waren sie schließlich da.

An die billigen Arbeitskräfte hatte man sich gewöhnt, sodass dem Freiheitsdrang dieser Nomaden keinesfalls nachgegeben werden durfte. Sonst hätte man ja wieder selbst Hand anlegen müssen. Pfui! Denen werden wir schon zeigen, wer die Hosen anhat.

Deshalb war Mose auch gar nicht glücklich darüber, von Gott dazu berufen zu werden, sein Volk in die Freiheit zu führen. Denn dazu musste er sich diesem übermächtigen und skrupellosen Pharao entgegenstellen. Wer macht das schon gerne? Und, wie nicht anders zu erwarten, ging der Schuss auch voll nach hinten los. Als der Pharao hörte, was seine Sklaven beabsichtigten, reagierte er sofort und messerscharf: „Die Israeliten haben zu viel Zeit. Deshalb kommen sie auf solche dummen Gedanken. Also müssen wir ihr Arbeitspensum erhöhen."

Na, prima! Zur Freiheit hatte Gott sie berufen und was war das Ergebnis? Noch mehr Arbeit und Schufterei. Das hat man nun davon, wenn man gegen den Herrscher opponiert. Warum haben wir nur auf diesen Mose und sein Team gehört?

Das „Unternehmen Freiheit" stand auf des Messers Schneide. Denn verständlicherweise wurden nach dieser ersten Niederlage die Stimmen sehr laut, die dazu aufriefen, alles abzubrechen. „Lasst uns zur Vernunft kommen, bevor alles noch schlimmer wird." In dieser Zeit der äußeren Bedrängnis zeigten sich dann aber zwei Merkmale bei Mose, von denen wir eben schon gelesen haben: Gemeinschaft und Geduld! Mose und sein kleines Team ließen sich nicht beirren – auch nicht von scheinbaren Rückschlägen. Gott hatte versprochen, sie und sein ganzes Volk aus der Sklaverei zu befreien, also galt es, diesem Ruf gehorsam zu bleiben. Ein nervenaufreibender Wettkampf begann, der in zehn Disziplinen ausgetragen wurde. Und immer wieder schien es so, als ob dieser Ägypter unbesiegbar wäre. Doch dann, im Finale, gelang der alles entscheidende Coup. Der Pharao war besiegt und ließ Gottes Volk ziehen. Endlich!

Es geht mir an dieser Stelle nicht um den üblichen Aufruf, mehr Gemeinschaft zu pflegen und sich stärker in christlichen Gruppen zu engagieren. Das wäre zu kurz gegriffen. Es geht hier vielmehr um die Frage nach der Qualität unserer Gemeinschaft. Was ist die Grundlage? Welches Motiv steckt dahinter? Geistliche Gemeinschaft ist nicht dazu da, dass ich sie als Alibi benutze, um mich selbst dadurch zu profilieren. Diesen Eindruck habe ich manchmal bei bekannten Fußballspielern. Das Team dient ihrem eigenen Ego. Wir sollten vielmehr danach fragen, ob wir dazu bereit sind, uns für ein übergeordnetes Ziel stark zu machen – auch wenn wir selbst davon erst einmal keinen Nutzen haben?

Martin Luther hat mit seinem reformatorischen „*Solus Christus*" deutlich hervorgehoben, dass Jesus durch Tod und Auferstehung alles Nötige für das Heil des Menschen getan hat. Wir können nichts mehr dazu beitragen und müssen es auch nicht. Gut so! Das bedeutet allerdings nicht, dass uns in der Nachfolge automatisch die Hindernisse aus dem Weg geräumt und alle Wünsche erfüllt werden. Im Gegenteil: Manchmal beruft Gott uns zu Diensten und Aufgaben, die sehr viel Geduld und Hartnäckigkeit verlangen, weil es immer auch die „andere Macht" gibt, die etwas gegen Gottes Pläne hat. Deshalb vergleicht Paulus die Nachfolge manchmal mit einem Wettkampf, für den in der Vorbereitung und in der Durchführung sehr viel Disziplin und Durchhaltevermögen nötig sind (Phil 4,12 ff).

Zum Weiterdenken

» Von welcher Eigenschaft Gottes ist Ihr Glaube am stärksten geprägt?
» Was löst diese Einheit vom herausfordernden Gott bei Ihnen aus?
» Haben Sie ein Team, in dem Sie unterstützende Gemeinschaft erleben?
» Geduld, Disziplin und Hartnäckigkeit sind Vokabeln, die wir nur selten mit Christsein in Verbindung bringen. Woran liegt das?

Zum Weiterlesen

2. Mose 7,8-16; Philipper 4,12-21

6

Was wir von Allergikern lernen können

Vor ein paar Tagen kam unser ältester Sohn mal wieder zu Besuch. Immer, wenn sein Studium es zulässt und er sich ein paar Tage freischaufeln kann, kommt er vorbei und wir genießen die gemeinsamen Tage. Diesmal allerdings war von der Freude nichts zu spüren, denn Philipp sah aus, als wäre er gerade beim Boxen gewesen: Seine Augen waren dick und rot, ebenso seine Nase. Er war ständig am Schniefen und Putzen, sodass wir keine zusammenhängende Unterhaltung mit ihm führen konnten. Schlagartig holte uns die Realität wieder ein: Er ist Allergiker, und im Juni fliegt nun mal alles an Pollen durch die Luft, worauf solche Menschen reagieren – mit dem entsprechenden Ergebnis.

Leider gibt es für Allergiker (noch) keine Impfstoffe, womit sie vorbeugen könnten. Nach dem Stand der Forschung ist aber in den nächsten Jahren damit zu rechnen. Da bewegt sich etwas, und das ist auch gut so. Denn zum einen steigt die Zahl der Betroffenen jedes Jahr rapide an, und zum anderen sind sie den Folgen bislang fast schutzlos ausgeliefert. Bei Allergien gegen Nahrungsmittel können vorbeugende Maßnahmen getroffen werden, indem man einfach die Lebensmittel von seiner Speisekarte streicht, auf die man allergisch reagiert – Nüsse zum Beispiel oder bestimmt Mehlsorten oder Obst oder was auch immer. Bei Allergien gegen Gräser, Pollen oder Staub ist das leider nur sehr schwer möglich. Der Kontakt mit solchen Auslösern ist kaum zu vermeiden.

Lange Jahre galt diese Vermeidungsstrategie als die einzig effiziente Methode, vor allem Nahrungsmittelallergien zu bekämpfen. Man dachte relativ logisch: Wenn ich das, worauf mein Immunsystem reagiert, vermeiden kann, gehe ich den Folgen aus dem Weg. Und wenn mir diese Strategie lange genug gelingt, wird auch meine Abwehr wieder stärker, weil sie ja nicht jedes Jahr dieser zermürbenden Prozedur ausgesetzt ist. Klingt gut und schlüssig.

Nun aber ist in einer Studie nachgewiesen worden, dass das wohl genau der verkehrte Ansatz war. Englische Wissenschaftler haben zwei Gruppen von Kindern vier Jahre lang begleitet. Die erste Gruppe musste in dieser Zeit strikt auf Erdnüsse verzichten, die Kinder der zweiten Gruppe dagegen bekamen dreimal pro Woche kleine erdnusshaltige Süßigkeiten. Das Ergebnis: Die Zahl der Kinder, bei denen in dieser Zeit eine Erdnussallergie entstand, war im ersten, enthaltsamen Team fast sechsmal so groß wie die aus dem zweiten Team. Die daraus resultierende Erkenntnis lautet: Absolute Enthaltsamkeit bei gewissen Nahrungsmitteln fördert die Entstehung von Allergien wesentlich mehr als eine ausgewogene Ernährung. Dadurch, dass der Körper ab und zu auch mit potenziellen Erregern konfrontiert wird, scheint er eher resistent zu werden als durch strikte Vermeidung.[7]

Dieses Prinzip begegnet uns auch in der Bibel relativ häufig. Immer dort, wo Gott daran gelegen ist, dass ein Mensch im Glauben wachsen und reifen soll, hält er „geistliche Erreger" nicht von ihm fern, sondern konfrontiert ihn damit – ausgewogen und in Maßen. Zu einer geistlich reifen Persönlichkeit werde ich also nicht dadurch, dass Gott alle Herausforderung für mich erledigt, sondern im Gegenteil, mich manchmal genau damit alleinlässt.

Ein klassisches Beispiel für dieses Prinzip finden wir bei dem bekannten Propheten Jona. Er war, so sagt es die Bibel, ein Mann Gottes. Das heißt: Er war mit Leidenschaft für den Herrn unterwegs, und dennoch hatte er einen relativ großen blinden Fleck, der darin bestand, dass er den weltweiten Anspruch seines Herrn nicht einsehen wollte. Für ihn war Jahwe der Gott Israels, und *nur* der Gott Israels. Der Allmächtige hatte sich dieses Volk zum Erbe erwählt; somit galten auch nur ihnen, den Juden, seine

Verheißungen. Genau in dieser besonderen Erwählung bestand die einmalige Stellung der Nachkommen Abrahams gegenüber den „*Gojim*", den Heidenvölkern. Das war der Stolz aller Gottesmänner, auch der von Jona.

Nun war es Gott aber auch im AT schon daran gelegen, diese „Erwählungslehre" zu korrigieren. Ja, er hatte sich Israel zum Erbe ausgesucht; aber das war sowohl Erwählung als auch Auftrag zugleich. Israel war der Anfang, der Prototyp, an dem Gott allen anderen Völkern seine Liebe zeigen und demonstrieren wollte. Genau das galt es zu predigen: den Juden und besonders den Heiden!

Und ausgerechnet Jona war der erste Prediger, den Gott zu diesem Auftrag berief. „Jona, geh nach Ninive!", so lautete der Ruf. Das war nicht nur eine Ohrfeige für den Propheten, sondern eine Provokation sondergleichen. Jona hätte lieber im Dschungelcamp Kakerlaken gegessen als das. Ninive (das heutige Mossul) war die Hauptstadt des assyrischen Weltreichs – also echtes Heidenland. Und gerade Jona, für den die Heidenmission die größte Anfechtung war, sollte ihnen von der Liebe Gottes predigen. Unmöglich!

Merken Sie etwas? Spüren Sie das Prinzip Konfrontation? Natürlich hätte Gott sich auch einen anderen Boten für diese Aufgabe aussuchen können; einen, der weniger Probleme damit hatte. Aber das wollte er nicht. Gerade weil Jona auf diesen Erreger schon immer höchst allergisch reagiert hatte, konfrontierte Gott ihn nun genau damit. Und das nicht, weil er ihn ärgern, sondern weil er ihn heilen wollte. Heilen von dieser „geistlichen Allergie".

Vielleicht stehen Sie momentan vor einer ganz ähnlichen Aufgabe. Eine Herausforderung, die alles das auf den Kopf stellt, was Ihnen bislang wichtig war. Vielleicht konfrontiert Gott Sie mit Menschen oder Themen, um die Sie seit Jahren schon einen großen Bogen machen, weil sie Ihnen unangenehm und widerwillig sind. Sie reagieren allergisch, deshalb vermeiden Sie das. Und jetzt zweifeln Sie an Gott und seiner Liebe, weil er Ihnen das nicht einfach abnimmt und Sie nicht davor verschont.

Nehmen Sie sich in den nächsten Tagen einmal Zeit, darüber nachzudenken, ob hinter dieser Konfrontation nicht auch eine gute Absicht stecken kann! Ob Gott da nicht etwas in Ihnen heilen will und Sie deshalb mit diesen unangenehmen Themen konfrontiert.

Jona, unser Prophet, ließ diesen Gedanken nicht zu. Er blieb stur und rechtfertigte seine Allergie. Seine Biografie endet tragisch!

Zum Weiterdenken

» Wie reagieren Sie auf neue Herausforderungen? Sehen Sie darin eher eine Gefahr oder eine Chance?
» Haben Sie diese Situation schon mal erlebt, dass Gott Ihnen etwas aufs Herz gelegt hat, wogegen Sie sich zunächst gewehrt haben?
» Auf welche „Allergene" sollten Sie bewusst zugehen, hatten aber bisher nicht den Mut dazu?

Zum Weiterlesen

Jeremia 1, Apostelgeschichte 10

7

Was wir von meinem Nachbarn lernen können

Mein Nachbar ist ein leidenschaftlicher Imker. Er und seine liebe Frau investieren viele Stunden, Tage und Wochen im Jahr in ihre Bienenvölker und das nicht nur wegen des Honigs. Es ist für ihn nicht mehr nur ein Hobby, sich um diese kleinen gelben Insekten zu kümmern, sondern fast schon eine Berufung. Manchmal bewundere ich ihn dafür, dass er sich mit so viel Liebe und Engagement seiner Bienenzucht widmen kann.

Neulich allerdings tat er mir ein wenig leid. Obwohl wir mindestens zehn Meter voneinander entfernt waren, sah ich, dass mit seinem Gesicht irgendetwas nicht in Ordnung war. Es war sehr aufgequollen und rot, manche Stellen wirkten stark entzündet, sodass er seine Augen gar nicht richtig öffnen konnte. Zuerst dachte ich, es wäre eine starke Allergie, die ihn so zugerichtet hatte. Dann aber erzählte er mir den wahren Grund: Einige sei-

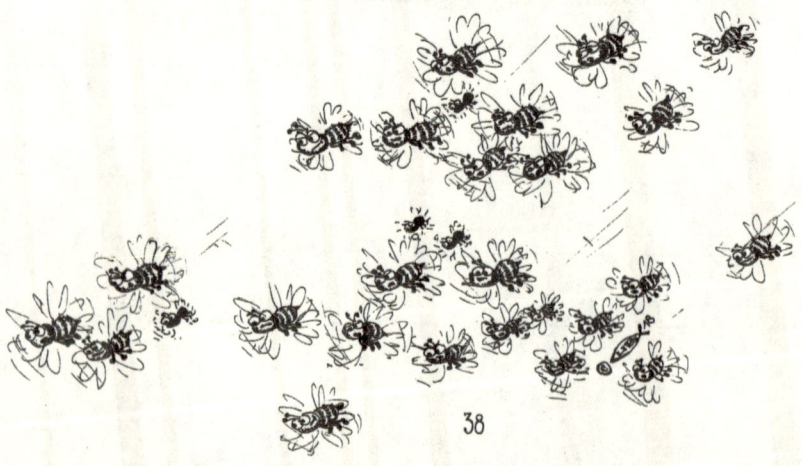

ner Bienen hatten ihn angegriffen und gestochen. Was mich wiederum sehr verwunderte, denn er ist schon seit Jahrzehnten im Geschäft. Deshalb fragte ich ihn: „Wie kann so etwas passieren? Du bist doch kein Anfänger mehr?"

„Das hat damit nichts zu tun", sagte er und erklärte weiter. „Eines meiner Bienenvölker hat eine neue Königin bekommen. Und weil die böse ist, sind es die Bienen auch geworden." Da ich von der Imkerei keine Ahnung hatte, habe ich mir das noch mal erklären lassen und verstanden, dass eine Bienen-Königin zwar hauptsächlich für die Nachkommen zuständig ist, aber durch ihre bevorzugte Stellung auch Einfluss auf die „Atmosphäre" im Volk hat. Nach nur wenigen Tagen kann eine neue Königin den ganzen Bienenstaat auf den Kopf stellen und sowohl positiv als auch negativ verändern. Leider hat mein lieber Nachbar das zu spät bemerkt.

Im Johannes-Evangelium begegnet uns im dritten Kapitel ein Mann namens Nikodemus. Das war ein sehr kluger und anerkannter Theologe, den man fragte und zurate zog, wenn es um kniffelige Fragen ging. Wenn alttestamentliche Texte erklärt und ausgelegt werden sollten, dann galt seine Meinung, oder wenn es um geistliche und politische Themen ging, was damals nicht voneinander zu trennen war. Er gehörte zur angesehenen Oberschicht.

Dieser Dozent kam bei Nacht mit einer Lehrfrage zu Jesus. Er wollte sich nicht in aller Öffentlichkeit die Blöße geben, etwas nicht zu wissen. Er konnte und wollte aber auch nicht länger warten, weil ihn dieses Thema so sehr belastete. Deshalb nutzte er den Schutz der Dunkelheit. Er hatte schon viel von Jesus gehört, dem neuen Rabbi, und vor allem von seinen Wundern. Das zeichnete ihn als echten Lehrer aus, deshalb konnte er sich ihm anvertrauen.

Und genau zu diesem Themengebiet wollte er mehr wissen: „Meister, da du schon viele Krankenheilungen, Austreibungen und andere Wunder vollbracht hast, erklär mir bitte, wie das geht. Welche Voraussetzungen muss ich erfüllen, welche Zusammenhänge beachten? Ich würde auch gerne …"

Jesus beantwortet diese Frage mit dem bekannten Vers: „Ich sage dir: Wenn jemand nicht von Neuem geboren wird, kann er das Reich Gottes nicht sehen" (Johannes 3,3). Das allerdings verunsichert Nikodemus noch mehr, denn biologisch ist es nun leider unmöglich, noch einmal zum Säugling zu werden. Deshalb benutzt Jesus weitere Bilder, die ich gerne mit dem oben bereits erwähnten Beispiel meines Nachbarn zusammenfassen möchte: Du brauchst eine neue Königin, dann werden sich auch die Konsequenzen ändern. Die Spuren und Zeichen, die ein Mensch hinterlässt, sind immer die Folge von der Macht, die über seinem Leben steht. So, wie das Verhalten eines Bienenvolks von seiner Königin beeinflusst und verändert wird, wird auch ein Mensch nur dann spürbar erneuert, wenn er einen neuen König hat. Die äußeren Folgen erkennt dann jeder schon von Weitem.

Ob diese Antwort Nikodemus erreicht hat, lässt der Text offen. Viel wichtiger ist die Frage, ob sie uns erreicht. Denn die Sehnsucht danach, ein zeugnishaftes Leben zu führen, Zeichen und Wunder zu vollbringen und bleibende Eindrücke zu hinterlassen, ist bei uns mit Sicherheit noch genauso vorhanden wie damals.

Deshalb bleibt die Frage dieselbe: Wann hat der neue König Sie und Ihren Staat zum letzten Mal auf den Kopf gestellt?

Zum Weiterdenken

» Eine Weisheit der Dakota-Indianer lautet: „Wenn du entdeckst, dass du ein totes Pferd reitest, steig ab!" – Gibt es ein Pferd, von dem Sie absteigen sollten?

» Martin Luther sagte: „Es gibt immer einen, der dich reitet. Entweder reitet dich Gott, dann ist es gut. Oder es reitet dich der Teufel!" – Hat Luther recht? Würde dann der Mensch nicht hoffnungslos fremdbestimmt, eigener Entscheidungsfähigkeit beraubt?

» Haben Sie schon mal bei anderen Menschen bemerkt, wie sie

sich verändert haben, weil Jesus als neuer König ihren „Staat"
auf den Kopf gestellt hat?

Zum Weiterlesen

Apostelgeschichte 16,25-34; Kolosser 3,1-17

Woche 2

Verändere keinen Nächsten wie dich selbst

Eine heile Beziehung zu mir selbst

von Harald Orth

Eigentlich achten Verkehrsteilnehmer sehr genau darauf, nicht geblitzt zu werden, weil die Konsequenzen meistens sehr ärgerlich und teuer sind. In Ludwigsburg allerdings gibt es einen Motorradfahrer, der es genau darauf angelegt hatte: Nach Angaben der Stadtverwaltung steuerte der junge Mann innerhalb von drei Monaten 32-mal absichtlich denselben Blitzer an, fuhr teilweise deutlich zu schnell (bis zu 43 km/h) und hielt dabei zwei zum Siegeszeichen erhobene Finger in die Kamera. Er war sich seiner Sache sicher, weil er davon ausging, als Motorradfahrer nicht erkannt zu werden. Das ging allerdings gründlich daneben: ihn erwarteten, laut Bericht in der Tageszeitung, 7.000 Euro Bußgeld, 36 Punkte in Flensburg und mindestens 15 Monate Fahrverbot.[8]

Frage: Was würden Sie dem jungen Mann raten, wenn er zu Ihnen in die Seelsorge käme? Keine Angst. Er wird nicht kommen, weil ihm das mit Sicherheit viel zu peinlich ist. Ich kann mir gut vorstellen, dass er sich in den nächsten Monaten und Jahren ausführlich mit sich selbst beschäftigen und über seine eigene Überheblichkeit ärgern wird – hoffentlich mit Lerneffekt.

Etwas ganz Ähnliches steht in der vor uns liegenden Woche auf dem Programm. In den sieben Tageseinheiten werden Sie einige An-

stöße bekommen, damit Sie über sich selbst nachdenken. Über Ihren Charakter, Ihren Glauben, Ihre Persönlichkeit und über den einen oder anderen „Blitzer" in Ihrem Leben, der Sie auf Fehlverhalten hingewiesen hat. Der Sinn dabei ist nicht, in Scham und Schande über das eigene ICH zu versinken, sondern daraus zu lernen.

In der bekannten Geschichte von Zachäus, dem kleinen reichen Zöllner, ist genau das der entscheidende Wendepunkt: In der Gegenwart von Jesus durfte er viel über sich selbst lernen, so viel, dass er am Ende kein Problem darin sah, sein Verhalten zu ändern. Er tat es gerne, weil er durch Jesus wieder eine heile Beziehung zu sich selbst bekommen hatte. Jetzt konnten auch die anderen Beziehungen heil werden.

8

Ein Knochenjob

Stellen sie sich vor, sie stehen am Ufer eines breiten und tiefen Flusses. Sie haben die Aufgabe, sowohl eine Ladung großer Steine als auch einen Haufen alter Bretter auf das gegenüberliegende Ufer zu bringen. Sie sind alleine und haben weder ein Boot noch irgendeine andere Hilfe. Wie werden Sie die Aufgabe anpacken?

Nach kurzem Nachdenken werden ihnen wahrscheinlich zwei Lösungswege einfallen. Der erste: Sie beginnen damit, zuerst die Steine rüberzutragen und danach die Bretter. Sie haben sich überlegt, dass Sie zu Beginn der Arbeit noch über mehr Kraft verfügen als am Ende. Deshalb die schwere Last zuerst. Das hat eine gewisse Logik. Die zweite Möglichkeit: Sie machen es genau umgekehrt. Weil Sie mit den leichteren Brettern auf den Schul-

tern flexibler und schneller sind, hoffen Sie, dadurch einen günstigen und seichten Weg durch den Fluss zu finden. Dann geht es mit den Steinen hinterher vielleicht etwas schneller. Auch diese Variante kann man nachvollziehen. Vermutlich werden Sie aber auf beiden Wegen scheitern, weil Sie der Knochenjob schlicht überfordert. Also aufgeben?

Nein! Denn es gibt noch eine dritte Möglichkeit, die allerdings etwas Kreativität erfordert: Sie binden die Bretter zu einem Floß zusammen, legen die Steine oben drauf und ziehen alles gemeinsam zum anderen Ufer. Holz schwimmt bekanntermaßen, weshalb die ganze Ladung nicht untergehen wird. So bedienen Sie sich eines alten Naturgesetzes.

Um Beziehungen, ganz gleich welche, zu verbessern, braucht es manchmal ein hartes Stück Arbeit. Gerade wenn es in der Vergangenheit schon gewisse Verletzungen und Altlasten gibt, ist es noch mal schwieriger, die Steine aufs andere Ufer zu bringen. Äußerst hilfreich, man kann auch sagen unverzichtbar, ist bei diesem „Job" eine möglichst heile und gesunde Beziehung zu sich selbst. Ein grundsätzliches „Ja" zu mir mit allen meinen Ecken und Kanten ist wie das Floß, in unserem Beispiel: Es ist belastbar, geht nicht unter und kann viele Lasten tragen, an denen ich sonst bis zur Erschöpfung arbeiten müsste. Wenn ich dieses „tragende Floß" nicht habe, oder nur teilweise, wird alles umso schwerer. Manche Menschen denken leider genau umgekehrt und hoffen, durch die Verbesserung ihrer Außenbeziehungen auch ein gesünderes Selbstbewusstsein zu bekommen. Das funktioniert aber weder in unserem Gleichnis (Bretter auf Steine!?) noch in der Realität.

Jesus sagt in Matthäus 22,39: „Du sollst deinen Nächsten lieben, wie dich selbst" (L). Man kann diesen Satz mit Fug und Recht als geistliches Naturgesetz betrachten, das grundsätzlich und für alle Zeiten gilt. Er bildet eine Hälfte des sogenannten doppelten Liebesgebotes (Verse 34-40), das Jesus seinen Jüngern (und uns heute) als Zusammenfassung des Alten Testaments vorstellt. Mit anderen Worten: Wer wirklich sucht und danach fragt, wie ein Christ leben soll, der kann sich an diesen beiden Sätzen orientieren.

Erstaunlicherweise dreht sich in diesem Liebesgebot alles um Beziehungen. Der erste Teil beschreibt unsere Beziehung zu Gott, dem Vater. (Damit beschäftigen wir uns in der nächsten Woche.) Das zweite Gebot von Jesus betrifft unsere Beziehung zueinander und zu uns selbst. Und bei näherem Hinsehen fällt auf, dass diese kurze Anweisung den gleichen Aufbau hat, wie unser Floß mit seinen Steinen.

Ich soll meinen Nächsten lieben. Kürzer und deutlicher kann man es kaum sagen. Der Nächste ist im Neuen Testament ein Sammelbegriff und steht für alle Menschen, mit denen ich Kontakt habe: Familie, Freunde, Arbeitskollegen etc. Und das Verb „lieben" beschreibt hier kein romantisches Gefühl, wie wir Europäer das oft verstehen, sondern meint so viel wie: achten und Gutes tun. Demnach sollen wir allen unseren Mitmenschen mit Wertschätzung begegnen und ständig darauf bedacht sein, ihnen Gutes zu tun. Wenn ich das auf mich und mein Leben anwende, dann merke ich, wie schwierig diese Aufgabe ist.

Als ob Jesus das gewusst hätte (vermutlich hat er das sogar), stellt er eine wichtige Vorbedingung für diese Aufgabe auf: „Du sollst deinen Nächsten lieben *wie dich selbst*!" Voraussetzung dafür, andere Menschen zu lieben, ist demnach, dass ich mich zuerst selbst liebe. Wenn das nicht gegeben ist, brauch ich erst gar nicht damit zu beginnen, an meinen anderen Beziehungen zu arbeiten. Es fehlt mir schlichtweg die Grundlage, das Vorbild, an dem ich mich orientieren kann.

Oder, um es mit einem anderen Bild zu beschreiben: Wer Weihnachtssterne aus Papier ausschneiden möchte, tut gut daran, sich vorher eine saubere und stabile Schablone zu basteln. Das macht es wesentlich einfacher, die Sterne aufzuzeichnen und auszuschneiden.

Wer die Beziehung zu seinen Mitmenschen verbessern und bereinigen möchte, tut gut daran, vorab an sich und an seinem Selbstwert zu arbeiten. Das ist die beste Schablone für alle Beziehungen. Deshalb werden wir uns in der ersten der folgenden sechs Wochen mit dieser wichtigen Arbeit auseinandersetzen.

Zum Weiterdenken

» Wie wirkt das „doppelte Liebesgebot" von Jesus auf Sie? Was löst es in Ihnen aus?
» Grenzt die von Jesus geforderte Eigenliebe nicht an Egoismus?
» Lesen Sie Galater 2,20. Ist es möglich, dass Sie voll und ganz von Christus bestimmt und ausgefüllt werden? Wenn ja, wie?

Zum Weiterlesen

1. Samuel 2,1-8; 2. Korinther 12,1-10

9

Spieglein, Spieglein an der Wand ...

Wer kennt es nicht, das lustige und zugleich makabre Märchen von Schneewittchen? Das arme Kind, das mit einer außergewöhnlichen Schönheit beschenkt war, musste fliehen und um sein Leben fürchten, weil es die Königin nicht ertragen konnte, wegen ihr nicht mehr die Schönste im Land zu sein. Der Neid ließ ihr Gesicht grün und blau anlaufen, weil Schneewittchen nun mal schöner war als sie. Auf diesem missgünstigen Boden wuchsen, wie nicht anders zu erwarten, eben solche Pflanzen wie Hinterlist und Mord. Hart, aber wahr – nicht nur im Märchen.

Wir möchten heute aber weniger über die böse Königin und ihre egoistischen Motive nachdenken, sondern vielmehr über den Spiegel, ohne den alles ganz anders gelaufen wäre. „Spieglein, Spieglein, an der Wand – wer ist die Schönste im ganzen Land?" Mit diesem Spruch stellte sich die Herrscherin tagtäglich vor ihr Konterfei und bekam von diesem auch sofort die offene und ehrliche Antwort: „Frau Königin, Ihr seid die Schönste im Land!"

Ehrlichkeit tut gut! So könnte man an dieser Stelle denken. Wohl dem, der solch ein Medium hat, das immer offen und frei heraus die gewünschte Botschaft vermittelt. Prima! In dem Moment allerdings, als die Königin nicht mehr die Schönste im Land war und der Spiegel auch diese Wahrheit schonungslos verkündete, änderte sich alles. Da wäre es wohl für alle Beteiligten besser gewesen, er hätte geschwiegen, der gute alte Spiegel, oder?

Sich selbst zu lieben ist für viele Menschen gleichbedeutend mit der Botschaft: „Ich bin ein toller Hecht und darf so bleiben, wie ich bin. Wo ist der Spiegel, der das endlich auch den anderen sagt?"

Bei manch anderen ruft der Satz allerdings die genau gegenteilige Reaktion hervor: „Ich kann mich selbst nicht lieben, weil so vieles an und in mir ist, was mich stört. Hoffentlich hält der Spiegel seine Klappe und es entdeckt keiner."

Wie also hat Jesus das gemeint? Wie funktioniert diese Selbstliebe? Wie können sowohl Egoisten als auch Menschen, die sich minderwertig fühlen, den Auftrag umsetzen, sodass möglichst alle davon profitieren? Eine nicht ganz leichte Aufgabe.

Schon Martin Luther hat zu seiner Zeit entdeckt, dass eine schlimme Folge der Sünde der in sich selbst verkrümmte Mensch ist. Damit meinte er kein orthopädisches Leiden an der Wirbelsäule, sondern ein geistliches – verursacht durch die Sünde. Indem wir uns selbst und unsere eigene Wahrnehmung zur objektiven Wahrheit erheben, geraten wir auf die schiefe Bahn. Wer bin ich denn, dass ich meine, mit meiner Meinung und meinem Urteil immer richtig zu liegen?

Das ist in etwa so, wie es das indische Märchen von den blinden Männern beschreibt. Sie hatten zur Aufgabe, verschiedene Körperteile eines Elefanten zu betasten, um danach zu beschreiben, wie ein Elefant in Wahrheit aussieht. Der erste fühlte ein Bein des großen Tieres und meinte, ein Elefant wäre nichts anderes als ein Baum. Der zweite strich über eines seiner Ohren und war sich sicher, der Dickhäuter sähe aus wie ein großes Blatt. Der dritte Blinde hatte den Schwanz in der Hand und verglich einen Elefanten mit einem Seil. Usw. usw.

Die Botschaft liegt auf der Hand: Keiner der Männer hat recht, weil sie eben nur einen kleinen Teil des Elefanten ertasten und ihr Urteil deshalb falsch ist. Genau das ist unsere Situation im Vergleich zur gesamten Schöpfung – unserer Umwelt. Wir sind und bleiben immer nur ein Teil davon und haben deshalb auch nur eine sehr eingeschränkte Wahrnehmung. Das gilt auch im Urteil über uns selbst – womit wir wieder beim Thema sind. Auch wenn ich meine, mich selbst am besten zu kennen, bleibt meine Erkenntnis fehlerhaft. Ich brauche demnach auch für mich selbst und meine Eigenwahrnehmung einen „Spiegel", der mir die Wahrheit sagt, auch und gerade dann, wenn sie mir nicht gefällt.

Mich selbst zu lieben beginnt also zuerst damit, dass ich von mir wegschaue und mich auf die Suche begebe nach jemandem, der mich reflektiert. Dieses Reflektieren wiederum darf nicht zur Folge haben, dass wir es nur dann akzeptieren, wenn es uns gefällt. Es kann und muss der Beginn einer heilsamen Erkenntnis sein, die zum Ziel hat, mich selbst und andere lieben zu lernen.

Zum Weiterdenken

» Lesen Sie 1. Korinther 13,9-12. Wie lässt sich das anwenden?
» Wer oder was könnte in Ihrem Fall als Spiegel fungieren?
» „Alles, was ich (über mich) sage, muss wahr sein. Aber nicht alles, was (über mich) wahr ist, muss ich (mir) auch sagen." Was löst dieser Satz in Ihnen aus?

Zum Weiterlesen

Matthäus 5,37; Jakobus 5,12; Lukas 18,9-14

10

Warum sind die anderen so kompliziert?

Ein Mann ist mit seinem Auto unterwegs auf der Autobahn, als er im Radio folgende Durchsage hört: „Achtung! Für alle Autofahrer auf der A7: Fahren Sie äußerst langsam, möglichst weit rechts und mit höchster Vorsicht. Es kommt Ihnen ein Falschfahrer entgegen." Der Mann schaut sich um und denkt: „Was heißt hier: *ein* Falschfahrer? Es sind Hunderte!"

Dieser altbekannte Witz bringt auf den Punkt, woran viele Beziehungen leiden: Jeder denkt von sich selbst nur das Allerbeste und sieht das Problem stets bei den anderen. Tatsache aber ist oft genau das Gegenteil: Ich bin der Falschfahrer. Aufgrund meiner gestörten

Selbstwahrnehmung habe ich das leider nur noch nicht erkannt. Wie es einer meiner Freunde mal auf den Punkt brachte: „Im Erkennen fremder Fehler sind wir Meister, bei den eigenen allerdings reine Anfänger." Dieses Anfängerstadium sollten wir schleunigst hinter uns lassen, um wirklich voranzukommen.

Deshalb werden wir uns heute und in den nächsten Tagen mit unserer Selbstwahrnehmung beschäftigen. Es geht um Fragen, wie:

» Wer bin ich wirklich?
» Was treibt mich an?
» Gibt es „Brillen", die meine Wahrnehmung beeinflussen, ohne

dass ich etwas davon merke? Muss ich etwas an mir verändern, bevor ich es bei anderen versuche?

» Wenn ja, was?

Wir werden uns mit unserem „Ich" beschäftigen und dabei sowohl Anstöße als auch neue Erkenntnisse erhalten.

Beginnen wir heute mit dem sogenannten „Jo-Ha-Ri-Fenster". Das ist ein Persönlichkeits-Instrument, benannt nach seinen Erfindern Joseph Luft und Harry Ingham, nach dem die Persönlichkeit eines Menschen aufgrund seiner Eigen- und Fremdwahrnehmung in vier verschiedene Kategorien unterteilt wird:[9]

Johari-Fenster		mir	
		bekannt	unbekannt
anderen	bekannt	öffentliche Person	*blinder Fleck*
	unbekannt	mein Geheimnis	Autopilot

Erstens: die Öffentliche Person

Dieser Bereich meint alles das, was ich selbst von mir weiß und die meisten Menschen in meinem Umfeld ebenso (mir bekannt/ anderen bekannt). Das sind Informationen, zu denen ich stehe und die ich auch gerne und ohne Scheu veröffentliche. Angefangen von meinem Namen, meiner Ausbildung und meinem

Beruf, Wohnort und Familienstand bis hin zu meinen positiven (!) Eigenschaften (fleißig, humorvoll, interessant, hübsch, begabt etc.).

Zweitens: der blinde Fleck

Der blinde Fleck betrifft die Bereiche meines Lebens, die alle anderen sehen, ich selbst aber nicht (sehen will). Beispiel: Obelix! Er selbst bezeichnet sich, wenn überhaupt, als leicht vollschlank. Alle anderen aber sehen, dass der Kerl viel zu dick ist und dringend abnehmen muss. Bei einigen Menschen ist der blinde Fleck so ausgeprägt, dass Selbst- und Fremdwahrnehmung grundlegend voneinander abweichen. Manche Musiker zum Beispiel sind sehr von sich selbst und ihren Fähigkeiten überzeugt und können gar nicht verstehen, dass sie noch nicht entdeckt wurden. Ihre Sitznachbarn allerdings verdrehen jedes Mal die Augen und rutschen einen Platz weiter, weil die Stimme einfach unerträglich ist. Von diesem Effekt leben ganze Fernsehformate.

Drittens: mein Geheimnis

Im Gegensatz zum blinden Fleck kenne ich diesen Bereich sehr gut, meine Mitmenschen aber nicht. Es ist wie mein privates Refugium, zu dem nur ich alleine Zutritt habe. Wobei die Inhalte, die sich in dieser „Kiste" befinden, ganz unspektakulär sein können, wie z. B. Erinnerungen an meine Kindheit, verschiedene Erlebnisse, Überzeugungen und Ansichten. Aber auch peinliche oder unvorteilhafte Geheimnisse, die ich unter allen Umständen für mich behalten möchte, gehören dazu. Schwächen, Altlasten, Übertretungen, Abhängigkeiten ... alle Dinge eben, mit denen keiner gerne an die Öffentlichkeit geht.

Viertens: der Autopilot

Dieser Bereich ist der von den vieren am schwierigsten einsehbare bzw. zu reflektierende. Er umfasst alle unbewussten Dinge meiner Persönlichkeit, die rational nur schwer zu erklären sind. Sehr oft, wenn wir „aus dem Bauch heraus" entscheiden, ist unser Autopilot am Werk und zeigt, dass wir eben nicht nur sachlich und analytisch funktionierende Wesen sind. Im Gegenteil: Die Forschung hat längst belegt, dass das Unbewusste in uns viel stärker ist und viel mehr Entscheidungen beeinflusst, als wir es wahrhaben wollen.

Wer bin ich wirklich?

Wenn ich diese vier Bereiche und ihre Konsequenzen für mein Leben reflektiere, stellt sich mir unweigerlich die Frage: Wer bin ich wirklich? Oder anders gefragt: Was bleibt netto von mir übrig, wenn alle falschen Hüllen und Motive abfallen? Eine gute und zugleich schwierige Frage.

Jesus argumentiert in Matthäus 7,3 leicht vorwurfsvoll: „Wie kommt es, dass du den Splitter im Auge deines Bruders siehst, aber den Balken in deinem eigenen Auge nicht bemerkst?"

Als Kind und Jugendlicher habe ich mich beim Lesen dieser Stelle immer gefragt: Wie ist das möglich? Allein die Vorstellung, einen Holzsplitter im Auge zu haben, löste unvorstellbare Schmerzen in mir aus. Wie sollte das dann mit einem Balken gehen – ohne es zu merken? Im übertragenen Sinn war und ist so ein Verhalten offensichtlich nichts Ungewöhnliches – sonst hätte Jesus nicht so argumentiert. Damit möchte er darauf hinweisen, wie schief und mangelhaft unsere Selbstwahrnehmung an manchen Stellen sein kann. Und dass es durchaus sinnvoll und lohnenswert ist, hier in sich selbst zu investieren, bevor wir es bei anderen tun. Nach dem „Johari-Fenster" kennen wir höchstens 50 % von uns selbst. Was ist mit der anderen Hälfte?

Zum Weiterdenken

» Reflektieren Sie die vier genannten Bereiche. Erstellen Sie eine Tabelle mit vier Spalten und tragen Sie dort ein, welche Dinge zur Öffentlichen Person, dem blinden Fleck, „mein Geheimnis" und dem Autopiloten Ihnen aus Ihrem Leben einfallen.

» Was lösen folgende Bibelstellen in Ihnen aus? Welchen der vier genannten Bereiche würden Sie sie zuordnen? (Psalm 139,23; 1. Johannes 3,19f; …)

» In welchen Bereichen Ihres Lebens ist Ihnen das Beispiel mit dem Splitter und dem Balken schon einmal begegnet? Kann es sein, dass auch Sie manchmal einen Balken im Auge haben?

Zum Weiterlesen

Matthäus 7,1-5; Römer 2,1-10

11

Aufs falsche Pferd gesetzt? – die Öffentliche Person

Diese Redewendung kennen auch diejenigen, die sich nicht im Pferdesport engagieren. Dahinter steckt die schmerzhafte Erfahrung, sich in eine Sache investiert zu haben, die im Nachhinein nicht zum gewünschten Erfolg führte. Bestes Beispiel hierfür sind Börsenspekulationen. Das investierte Geld soll sich vermehren, deshalb setzt man es ein. Wenn der Aktienkurs dann allerdings fällt, hat man halt aufs falsche Pferd gesetzt.

Oder die alljährliche Wahl des Urlaubsziels: Viele Menschen sehnen sich nach warmen Temperaturen und möglichst viel Sonnenschein, deshalb wählen wir Urlaubsorte in Spanien, Italien oder der Türkei. Aller Erfahrung nach bieten die Sommermonate dort genau dieses Klima. Aber auch hier kann man sich täuschen. Es gibt auch in Portugal schlechtes Wetter. Und wenn das nun genau in unsere Urlaubszeit fällt, dann haben wir wohl aufs falsche Pferd gesetzt. Echt schade!

Wenn wir könnten, würden wir solche Erfahrungen natürlich vermeiden. Denn damit geht immer ein Verlust einher, eine wirkliche Enttäuschung, und das mögen wir nicht. Wer es sich aussuchen kann, setzt lieber aufs richtige Pferd. Logisch!

Wir haben gestern entdeckt, dass sich unsere Persönlichkeit in vier Bereiche unterscheiden lässt. Vier unterschiedliche Aspekte, die uns als Menschen ausmachen und unsere Entscheidungen beeinflussen: die *Öffentliche Person*, der *blinde Fleck*, unser privates *Geheimnis* und der *Autopilot*. Unser Charakter ist wie eine

Kutsche, die von diesen vier Pferden gezogen wird. Vier sehr eigensinnige Pferde, die auf ganz unterschiedliche Art und Weise beachtet und gepflegt werden müssen, damit sie ihren Dienst tun. Keines aus dem Quartett darf vernachlässigt oder bevorzugt werden. Jedes braucht seine individuelle Beachtung.

Nun sagt uns die Bibel aber an relativ vielen Stellen, dass die meisten Menschen genau hier einen schwerwiegenden Fehler begehen, indem sie eines ihrer vier Pferde ständig bevorzugen, und zwar die *Öffentliche Person*. Das, was andere von uns wissen und sehen, wie man über uns redet, wie wir auf andere Menschen wirken, kurz: Der Bereich, den wir in der Öffentlichkeit präsentieren, den hegen und pflegen wir sehr intensiv. Wir wollen vor anderen gut aussehen, wollen, dass nur das Beste über uns geredet wird und wir als durch und durch beachtenswerte Persönlichkeit wahrgenommen werden. Deshalb investieren wir in alles, was man von außen erkennen kann, weil wir der Meinung sind, dass dadurch das Urteil besser wird.

Ich möchte zwei biblische Beispiele aufzählen, die zeigen, zu welchen Trugschlüssen diese Einseitigkeit führen kann:

» Im ersten Samuelbuch wird davon berichtet, wie der alte Prophet Samuel von Gott zu einem Mann namens Isai geschickt wird, um einen seiner Söhne zum neuen König zu salben. Da Isai Vater von acht Söhnen war und Gott dem Samuel vorher nicht gesagt hatte, welcher von diesen acht es sein sollte, standen die beiden Männer vor der schwierigen Aufgabe, es herauszufinden. Die Art und Weise, wie die beiden nun versuchten, diese Aufgabe zu erledigen, ist ein Paradebeispiel dafür, dass auch erfahrene Gottesmänner manchmal aufs falsche Pferd setzen: Sowohl Isai als auch Samuel bewerteten die Burschen nach Kriterien der *Öffentlichen Person:* groß, kräftig, gesund, gut aussehend ... und meinten dadurch den von Gott Erwählten herauszufinden. Das aber war grundverkehrt.

» Wieder geht es um Erwählung. Diesmal aber aus der Perspektive des Betroffenen. Gott braucht einen Mann für schwierige Aufgaben, jemanden, der ihm treu ist, zuverlässig in seinem Dienst und keine Furcht vor Menschen hat. Dazu beruft er einen Mann namens Jeremia. Was aber tut der? Er lehnt die Berufung ab, natürlich mit Argumenten aus dem Bereich der Öffentlichen Person: Ich bin zu jung, zu unerfahren und außerdem mache ich mir jedes Mal in die Hose, wenn ich vor mehr als zwei Menschen reden muss. Gott, du hast dich geirrt. Ich bin das falsche Pferd (Jeremia 1). Der weitere Weg aber zeigt, dass Gott sich nicht geirrt hatte. Er wusste, wen er rief. Denn er kannte von Jeremia auch die anderen drei Bereiche. Dazu in den nächsten Tagen mehr.

Die Öffentliche Person überzubewerten ist aus menschlicher Perspektive zwar nachvollziehbar. Es zeigt aber immer auch, dass wir unter einem eingeschränkten Blickfeld leiden und Gott viel zu wenig zutrauen. Es kann sehr trügerisch sein, sich zu sehr auf die glänzende Verpackung zu verlassen, ohne den Inhalt wirklich zu kennen. Das ist wie bei der Werbung für ein Duschgel, auf die ich kürzlich reingefallen bin: „… und der Tag ist dein Freund", stand auf der Verpackung. Das weckte in mir die Hoffnung, dass sich alle Probleme in Luft auflösen, wenn ich mich morgens mit diesem Wundermittel dusche. Leider war dem nicht so. Als ich mich abends ins Bett legte, konnte ich rückblickend nur eines feststellen: dass ich mich wieder mal zu sehr von Äußerlichkeiten hatte leiten lassen.

Zum Weiterdenken

» Kennen Sie ähnliche Erfahrungen im Zusammenleben mit anderen Menschen?

» Warum verlassen wir uns so oft und so schnell auf Äußerlichkeiten und wie könnten wir das ändern, ohne misstrauisch zu werden?

» Lesen Sie Jakobus 2,1-13! Welche Erkenntnisse hinsichtlich der „Öffentlichen Person" lassen sich hieraus entnehmen?

» Welches Bild würden Sie von Ihrer „Öffentlichen Person"

zeichnen? Kennen Sie jemandem, mit dem Sie dieses Bild besprechen könnten?

Zum Weiterlesen

1. Samuel 17,1-58; 2. Korinther 11,16-33

12

Der blinde Fleck!

Wir sitzen zusammen in einer Ecke des Saals: die komplette Band, alle Ton- und Lichttechniker und der Chorleiter. In wenigen Minuten beginnt die Generalprobe, die unbedingt gelingen muss. Wenn nicht, dann geht das Konzert auch in die Hose. So war es schon immer. Eigentlich haben wir uns zum Beten getroffen, aber es gibt noch ein Thema, das dem „Chef" auf dem Herzen liegt. Es dreht sich mal wieder um Paul. Paul ist ein Sänger im Tenor, der von sich glaubt, er hätte eine Stimme wie Placido Domingo. Zumindest verhält er sich so. Tatsache aber ist, dass er nur selten den Ton trifft, kein Taktgefühl hat und den Einsatz jedes zweite Mal verpennt. Jeder im Chor weiß, dass Paul absolut unmusikalisch ist – außer ihm selbst. Er denkt genau das Gegenteil. Wahrscheinlich kann er noch nicht mal Noten lesen. Aber das ist nur ein Gerücht.

Der Chor ist für Paul mehr als nur ein Hobby. Er ist für ihn zu einem zweiten Zuhause geworden, was daher rührt, dass sein eigentliches Zuhause ziemlich kaputt ist. Die Eltern sind geschieden und er lebt alleine mit seiner kranken Mutter, die er mit seinem kleinen Gehalt mit versorgen muss. Alle im Chor haben Mitleid mit Paul, und genau deshalb traut sich auch keiner, ihm in Sachen Musik die Wahrheit zu sagen. Eine ziemlich vertrackte Situation.

Jetzt aber eröffnet uns unser Chorleiter eine neue Idee, wie wir mit Pauls „Musikalität" umgehen können, ohne ihm wehzutun. Er will ihm im Konzert als einzigem Sänger im ganzen Chor ein Mikrofon alleine geben, was ihn in seinem übersteigerten Selbstwertgefühl zusätzlich bestätigen wird. Beim Mischpult allerdings wird der Techniker Pauls Mikro leise stellen, sodass er de facto nicht zu hören sein wird. Das wäre nach Überzeugung unseres Dirigenten die goldene Lösung.

Diese kurze Geschichte ist ein Paradebeispiel für die komplexen Probleme, die Menschen im Zusammenhang mit ihren blinden Flecken miteinander haben können. Der Betroffene selbst unterliegt einer totalen Fehleinschätzung, der mit sachlichen Argumenten nicht beizukommen ist. Ein Irrglaube, der in seiner Konsequenz aber den ganzen Chor in Mitleidenschaft zieht. In seinem Umfeld allerdings hüllen sich alle in Schweigen, weil man ihn nicht verletzen möchte. Aus diesem Gemisch von Fremdschämen und falscher Rücksichtnahme entstehen sehr oft solche Schein-Lösungen mit meist verheerenden Folgen.

Ganz ähnlich war die Situation in der Großfamilie des alten Patriarchen Jakob. Er hatte, so die Erzählung aus 1. Mose 35,22-26, zwölf Söhne mit vier verschiedenen Frauen. Eine an sich schon sehr herausfordernde Konstellation, in der die Harmonie und der Familienfriede vermutlich oft auf der Kippe standen. Und als ob das nicht schon Aufgabe genug gewesen wäre, kam jetzt noch der blinde Fleck des alten Vaters hinzu, der darin bestand, dass er den jüngsten, seinen Lieblingssohn, ganz öffentlich und ohne Scham den anderen gegenüber bevorzugte (1. Mose 37,3). Er machte ihm außergewöhnliche Geschenke, ließ ihn weniger arbeiten als die anderen und benutzte ihn als Informanten. Für Jakob war das alles absolut in Ordnung. Es entsprach seinen Gefühlen für den Jungen.

Jeder Leser dieser Geschichte aber denkt sofort: „Lieber Jakob, was du machst, ist nicht gut. Wenn du einen deiner Söhne vor den anderen so deutlich bevorzugst, endet das in einer Katastrophe. Geschwister reagieren auf Ungerechtigkeit meistens sehr empfindlich." Das traute sich aber offensichtlich keiner laut auszusprechen, und so kam es, wie es kommen musste. Das Unglück nahm seinen Lauf.

Blinde Flecken, und das ist das Tragische an ihnen, entwickeln im Laufe der Zeit eine Eigendynamik, die sehr viel Schaden zur Folge haben kann. Am Anfang sieht das alles noch ganz harmlos aus. Jeder denkt: Es renkt sich schon wieder ein. Nach einer gewissen Zeit allerdings wird aus dem kleinen Schneeball eine große Kugel, die aufzuhalten sehr viel Mut und Überzeugung erfordert. Sie muss aber unbedingt aufgehalten werden, sonst wird daraus die bekannte Lawine. Die Gretchenfrage also lautet: Wer macht den ersten Schritt? Wer traut sich, das zu sagen, was gesagt werden muss? Und vor allem: Wer hat das nötige Feingefühl für diese Aufgabe, damit die Beziehung nicht kaputt geht? Es ist an der Zeit zu lernen, offen und ehrlich, aber nicht verletzend miteinander zu reden – gerade auch unter Christen. Zu viel wurde und wird unter dem Deckmäntelchen der Liebe erstickt, was irgendwann mit vielfach gesteigerter Kraft wieder hochkommt.

In „Heikle Gespräche" schreiben die Autoren: „Unzählige Studien haben belegt, dass Kernkraftwerke sicherer gefahren werden, ... in Krankenhäusern weniger gestorben wird, Behörden deutlich bürgerfreundlicher agieren und Technologieunternehmen rund um den Globus reibungsloser zusammenarbeiten können, wenn die Unternehmensführung Interesse und Geld in die Gesprächskultur der Organisation investiert."[10]

Sollte eine solche Investition nicht auch in christlichen Gemeinden sehr viel Gutes bewirken?

Zum Weiterdenken

» Lesen Sie 1. Mose 37,1-11. Versuchen Sie, sich vorzustellen, der alte Jakob sei Ihr Chef. Wie würden Sie ihn auf sein Fehlverhalten aufmerksam machen?
» Können Sie sich an Situationen erinnern, wo Sie andere Menschen auf einen blinden Fleck hinweisen mussten?
» Gibt es einen oder mehrere Menschen in Ihrem Leben, die Ihnen Ihre blinden Flecken zeigen dürfen?

Zum Weiterlesen

1. Samuel 12,1-7; 1. Korinther 6,1-8

13

Kein gläserner Mensch! – Das persönliche *Geheimnis*

Als vor einigen Jahren zum ersten Mal über den Einsatz von Körperscannern an deutschen Flughäfen diskutiert wurde, war die Empörung groß. Von Nacktscannern war die Rede, deren Einsatz die Menschenwürde der Durchleuchteten verletzen. Vergleiche mit dem sogenannten gläsernen Menschen wurden herangezogen, um zu verdeutlichen, wie entwürdigend manche das empfinden. Bei allem Bedürfnis nach Sicherheit und Kontrolle müsse doch immer noch ein gewisses Maß an Privatsphäre erhalten bleiben. Schließlich sind wir ja keine Unmündigen oder Extremisten, die rund um die Uhr bewacht werden müssen.

Bei vielen, die als Unbeteiligte mit dem Thema konfrontiert werden, ist das Unbehagen verständlicherweise groß. Schließlich will sich keiner durchleuchten lassen. Ganz anders aber empfinden Menschen, die schon einmal das erleben mussten, was durch die Körperscanner verhindert werden soll: eine Bedrohung durch Waffen. Um solche schockierenden, teils traumatischen Erfahrungen zu verhindern, hätten sich die Beteiligten sicher gerne durchleuchten lassen. Das wäre im Nachhinein das weitaus kleinere Übel gewesen, was vorher allerdings keiner

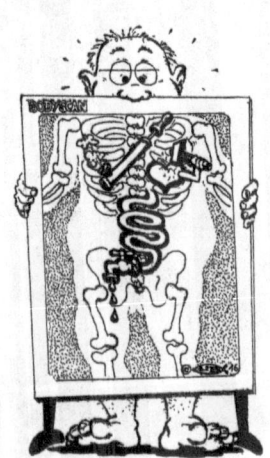

wissen konnte. Es kommt also darauf an, aus welcher Perspektive man über diese Sicherheitsmaßnahme urteilt. Für den einen ist es überflüssige Kontrolle, für den anderen notwendiger Schutz und Sicherheit.

Vor Gottes allmächtiger Überwachung fliehen zu wollen, aber auch unter seinem Schutz zur Ruhe kommen – beide Gefühle finden wir in Psalm 139. Man kann es zwischen den Zeilen lesen und nachempfinden, wie David, der Schreiber, zwischen diesen beiden Polen hin und her schwankt. Auf der einen Seite fühlt er sich wohl bei dem Gedanken, in jeder Lebenslage unter Gottes Schutz zu stehen. Auf der anderen ist ihm aber gerade das auch manchmal zu nahe und er wünscht sich etwas mehr Privatsphäre – auch und gerade gegenüber dem Allmächtigen. Kennen Sie diesen Wunsch? Darf man den als anständiger Christ überhaupt haben?

Wenn bekannte, im Rampenlicht stehende Persönlichkeiten einen schwerwiegenden Fehler begehen, hat man als Außenstehender oft den Eindruck, dass sie gegenüber der Öffentlichkeit die Salami-Taktik anwenden. Der Skandal wird nicht sofort und umfassend zugegeben, sondern eben nur scheibchenweise. Nur das, was nicht mehr zur leugnen ist, wird bekannt und bedauert – in der Hoffnung, dass sich die Empörung dadurch legt und der Betroffene noch halbwegs ungeschoren davonkommt.

Mustergültig konnte man dies bei der Affäre um die Doktorarbeit des damaligen Verteidigungsministers Karl Theodor zu Guttenberg beobachten. Als die ersten Journalisten die doch etwas unorthodoxe Art der Verwendung fremder Quellen zutage förderten, bezeichnete zu Guttenberg die Vorwürfe noch empört als abstrus, und wenn er hier und da einige Fußnoten falsch gesetzt habe, so wolle er das in der nächsten Auflage korrigieren. Je mehr geklaute Zitate dann aber an die Öffentlichkeit traten, desto bescheidener wurde er und stellte sich „scheibchenweise" zu seinen Fehlern (seine Dissertation enthalte fraglos Fehler, aber er habe an keiner Stelle bewusst täuschen wollen …). Selbst bei seiner Rücktrittserklärung gab er noch nicht zu, bewusst abgekupfert zu haben. Journalisten betitelten ihn daraufhin erst recht als „Lügenbaron" und die Opposition rieb sich die Hände. Am Ende fragte sich der „kleine Mann": Warum hat er nicht von Anfang an reinen Tisch gemacht? Dann wäre seine Karriere vielleicht noch zu retten gewesen.

Der 139. Psalm ist nichts anderes als ein betroffenes, peinlich berührtes Geständnis zu dieser Salami-Taktik: „Herr, ich gehöre auch zu denen, die versuchen, manche ‚persönlichen Skandale' vor dir zu verheimlichen. Ich bin auch so einer, der über seine Fehler lieber nur scheibchenweise spricht, als sie offen auf den Tisch zu legen. Obwohl ich weiß, dass du mich besser kennst und durchschaust als jeder Nacktscanner, möchte ich manchmal vor dir davonlaufen. Obwohl ich daran glaube, dass es nicht peinlich sondern heilsam ist, vor dir ehrlich zu sein, hege und pflege ich immer noch meine kleinen Geheimnisse."

Und auch hier ist die Perspektive entscheidend: Außenstehende würden jetzt wahrscheinlich sagen: „Was ist das doch für ein dummer Mensch! Er weiß und glaubt, dass das Versteckspiel vor Gott sinnlos ist, verhält sich aber ganz anders."

Betroffene allerdings sind mit solchen Urteilen etwas zurückhaltender. Diejenigen, die sich ihrer eigenen Schuld- und Fehlerhaftigkeit bewusst sind, erkennen hier den Spiegel ihrer eigenen Seele. Den uralten Konflikt, den Paulus mit den ernüchternden Worten zusammenfasst: „Ich tue nicht das Gute, das ich tun will, sondern das Böse, das ich nicht tun will" (Römer 7,19). Diesen Widerspruch bei sich selbst festzustellen ist beschämend und hoffnungsvoll zugleich. Denn darin besteht der erste Schritt in die richtige Richtung.

Zum Weiterdenken

» Lesen Sie Psalm 139 zweimal: einmal aus der Perspektive des Schutzsuchenden und einmal aus der Sicht dessen, dem Gott zu sehr auf die Pelle rückt. Welche Betrachtung gefällt Ihnen besser? Und warum?

» Kennen Sie den beschriebenen Konflikt aus Ihrem Leben? Wenn ja – wie gehe Sie damit um?
» Was löst der Gedanke in Ihnen aus, dass jemand alles, wirklich alles von Ihnen weiß?
» Gibt es Lebensbereiche, die Sie aus dem Feld „mein Geheimnis" herauslassen sollten? Wie könnte das gehen?

Zum Weiterlesen

Amos 9,1-4; Römer 7,14-25

14

Unser Autopilot: das Unbewusste

Ein armer jüdischer Mann steht vor einem Casino und betet: „Lieber Gott, lass mich gleich gewinnen. Ich werde auch die Hälfte des Gewinns einer guten jüdischen Sache widmen."

Er spielt und gewinnt nicht.

Er sagt sich: „Na gut, dann versuch ich's halt mal bei der Konkurrenz."

Dazu geht er in eine Kirche, kniet sich in die vorderste Reihe und betet: „Lieber christlicher Gott. Lass mich heute Abend beim Spielen gewinnen. Ich werde auch die Hälfte des Gewinns für eine gute christliche Sache spenden."

Er spielt und gewinnt.

Tags drauf erzählt er die Geschichte seinen Freunden und sagt: „Ich gebe zu, der christliche Gott hat mich besser behandelt als der unsrige. Der unsrige aber ist klüger, weil er schon vorher wusste, dass ich vom Gewinn nichts spenden werde."

Mit dieser kleinen Geschichte betreten wir das schwierigste Feld unserer Persönlichkeit: das Unbewusste, aus dem heraus wir manchmal Entscheidungen treffen, die wir unter „normalen" Verhältnissen niemals getroffen hätten. Wir sagen oder tun etwas, wofür wir andere oft angeklagt, vielleicht sogar verurteilt haben und schämen uns nicht einmal dafür. Im besten Fall werden wir uns dessen irgendwann bewusst und wundern uns über unsere eigene Unbeständigkeit. Manchmal aber bleibt sogar diese Selbstreflexion noch aus und wir fühlen uns völlig missverstanden, wenn andere uns auf das Dilemma hinweisen.

Der Bereich des Autopiloten hat schon so manche großen

Helden und Vorbilder stürzen lassen – wohl auch deshalb, weil sie sich der enormen Kraft nicht bewusst waren. Diesen Eindruck jedenfalls vermittelt die sowohl traurige als auch unbarmherzige Geschichte von König David und dessen Ehebruch mit Batseba: Er sieht diese überaus schöne Frau in verführerischer Pose (Batseba, Hebr.: Tochter der Schönheit), kann sich nicht beherrschen und vergewaltigt sie. Um das zu vertuschen, lässt er anschließend ihren Ehemann ermorden, um dann die „arme Witwe" zu heiraten. Welch ein nachsichtiger, barmherziger und weiser König!

Und der Leser dieser Geschichte fragt sich:

Was war in ihn gefahren, den mächtigen König, in diesen Stunden und Tagen? Wo war seine sonst so überaus große Selbstlosigkeit und Gottesfurcht? Was hatte ihn dazu verleitet, über alle Ethik und Moral hinwegzugehen und seinem Egoismus freien Lauf zu lassen?

Dass auch große Helden und Vorbilder nicht immer Herr ihrer Gefühle sind und deshalb Fehler begehen, kann man ja noch nachvollziehen. Dass er aber nach diesem „Sündenfall" nicht in Sack und Asche geht, sondern noch eine zweite, weitaus folgenreichere Schuld auf sich lädt, lässt nur auf eine absolute Fremdsteuerung schließen – typisch Autopilot.

Die erste Konsequenz daraus lautet: Es gibt Bereiche in unserer Seele, die wir offensichtlich nicht kennen, jedenfalls nicht gut genug. Und dieser Bereiche sind wir in gewissen Umständen nicht Herr; sie können uns zu fatalen Handlungen verleiten. Eine schmerzhafte Erkenntnis. Die zweite Folge aber ist ebenso wichtig, denn Gott zieht David für sein Handeln zur Rechenschaft. Das heißt, dass wir uns nicht hinter dem Autopiloten verstecken können, nach dem Motto: „Ich kann nichts dafür." Nein! Wir sind verantwortlich für das, was wir sagen und tun. Gott lässt hier nicht fünfe gerade sein.

Jesus geht in der Bergpredigt sogar noch einen Schritt weiter und setzt unsere Verantwortlichkeit noch viel früher an: „Jeder, der eine Frau mit begehrlichem Blick ansieht, hat damit in seinem Herzen schon Ehebruch mit ihr begangen" (Matthäus 5,28).

Zusammenfassend müssen wir nach dieser ersten Woche feststellen, dass die Beziehung zu uns selbst eine relativ komplizierte Angelegenheit ist. Obwohl oder gerade weil wir meinen, uns selbst am besten zu kennen, tun wir uns oft schwer mit dieser Voraussetzung. „Es gibt viel zu tun ..." – das war einst der Slogan der großen Mineralölfirma, die auch den Tiger in den Tank packen wollte. Das gilt in gleichem Maße sicher auch für unsere Selbstwahrnehmung.

Zum Weiterdenken

» Lesen Sie die Geschichte von David und Batseba (2. Samuel 11).
» Was hätte David Ihrer Meinung nach vorher (!) tun müssen, um diese schrecklichen Taten zu verhindern?
» Haben Sie Ihren eigenen „Autopiloten" schon kennengelernt? Wenn ja, in welcher Situation?
» Was tun Sie, wenn Sie merken, dass der Autopilot das Steuer übernommen hat? Was sollten Sie tun?

Zum Weiterlesen

Matthäus 5,27-32; 1. Johannes 1,5–2,6

Woche 3

Zwölf Freunde müsst ihr sein

Heile Beziehungen zu meinen Freunden

Von Andreas Malessa

Freunde, die sich begegnen, umarmen sich und klopfen einander auf den Rücken. Sie gehen in entspannter Haltung und Gestik zusammen in der Gegend herum. Der eine sucht für den anderen etwas besonders Leckeres zu Essen. Er steckt es sich selbst in den Hals, kaut es und übergibt den Speisebrei dann mit feierlicher Geste dem Freund. Neben diesen vergleichsweise naheliegenden Umgangsformen hat der Verhaltensbiologe Vernon Reynolds aber noch etwas anderes äußerst Interessantes in Schimpansenhorden beobachten können: Die Tiere pflegen ihre Freundschaften besonders intensiv, wenn sich keine oder wenige Verwandte in der Horde befinden.[11]

Mit der lieben Verwandtschaft werden wir in Woche 5 noch aneinandergeraten (die Woche 4, die Beziehung zu den Feinden, steht bewusst als Höhepunkt dazwischen und in der Mitte des Buchs). Allerdings könnte es viele Leser geben, die in der Woche 5 versucht sind, sich eine kleine Auszeit zu gönnen: Oma hatte ihren 75. längst gehabt und lebt nicht mehr. In Bezug auf die weitere Sippschaft gilt: Verwandte muss man haben, man muss sie nicht kennen. Wenn man dann noch Single ist und keine Geschwister hat, bleiben bestenfalls noch … und beim nächsten runden Geburtstag droht dann eine gähnend leere Gästeliste (bei den normalen und halbrunden kann man sich ja noch retten mit: „Das wird mir jetzt einfach zu viel, noch groß Party zu machen").

Wenn das so ist – dann sollte man sich rechtzeitig Leute aus der Horde suchen. Aber welche Horde eigentlich? Freunde fallen nicht vom Himmel, und nicht nur als Großstadtaffe muss man sich seine Horde heute erst einmal suchen. Es gibt da natürlich dann noch eine ganz spezielle Rotte – die Gemeinde. Auch die bekommt noch eine eigene Woche (Nr. 6) – auch sie ist ein Ort, wo sich Freunde finden lassen. Zum Beziehungsnetzwerk gehören also die Freunde mit dazu – die ganz engen, die schwierigen, die nur lockeren Bekanntschaften. Die nächsten sieben Impulse sollen ihnen gewidmet sein.

15

Freunde – eine andere Art Familie

„Gute Freunde sind Gottes Entschuldigung für schlechte Verwandte", hat Mark Twain gesagt. Oder George Bernhard Shaw. Die Literaturwissenschaftler streiten noch. Das Körnchen Wahrheit bestreitet niemand.

Jesus hat bereits rund 70 Freunde um sich geschart (Lukas 10,1) – der griechische Text nennt sie „Schüler", Luther übersetzte „Jünger", manche sagen heute „Nachfolger" – und neben oder aus diesem großen Kreis von Frauen und Männern noch mal 12 besonders vertraute Gefährten ausgewählt, die sogenannten „Apostel" (Matthäus 10,12), da passiert eine schockierende Szene:

„Als er noch zum Volk redete, sprach einer zu ihm: Siehe, deine Mutter und deine Brüder stehen draußen und wollen mit dir reden" (Matthäus 12,46).

Neben Mama Maria stehen da also „Jakobus, Josef Junior, Simon und Judas", sowie – zu Hause geblieben oder auch vor dem Versammlungshaus wartend – „seine Schwestern", Plural, also mindestens zwei (Matthäus 13,55). Maria hat demnach sieben oder mehr Kinder geboren. Wegen des Dogmas der lebenslangen Jungfräulichkeit der heiligen Maria heißen die in katholischen Bibelübersetzungen „Vettern und Cousinen", aber nun gut … Zumindest von den vier leiblichen Brüdern Jesu wissen wir: „Sie glaubten nicht an ihn" (Johannes 7,5).

Jetzt steht die Sippschaft da und sagt: „Jesus, wir müssen reden." Wollen sie ihn nach Hause holen? Halten sie ihn für verrückt? „Jesus wandte sich zu dem, der ihm diese Nachricht brachte, und erwiderte: ‚Wer ist meine Mutter, und wer sind meine Brüder?' Dann wies er mit der Hand auf seine Jünger und fuhr fort: ‚Seht, das sind meine Mutter und meine Brüder! Denn wer den Willen meines Vaters im Himmel tut, der ist mein Bruder, meine Schwester und meine Mutter'" (Matthäus 12,48-50).

Es hätte mich interessiert, ob seine Familie unverrichteter Dinge abgezogen ist, ob es einen empörten Tumult unter den – kulturell sehr familienbewussten – Zuhörern gab oder ob er irgendwann doch noch mit Mutter und Brüdern redete. Matthäus lässt das offen.

Für die Gesetzeskundigen unter seinen damaligen Zuhörern hat Jesus damit das Gebot „Du sollst Vater und Mutter ehren" verletzt. Für uns, seine heutigen Zuhörer, bedeutet das: Jesus hebt den Wert und die Verbindlichkeit der leiblichen Familie nicht auf („Blut fließt dicker als Wasser"), aber er verweigert ihr den Absolutheitsanspruch. Menschen, die wegen ihres christlichen Glaubens aus einer muslimischen, naturreligiösen oder radikal-atheistischen Familie verstoßen wurden, fanden und finden darin einen unschätzbaren Trost: Jesus stellt die spirituelle, die seelische und die praktisch ethische Verbundenheit über die Blutsverwandtschaft. Abstammung, traditionelle Zugehörigkeit und Loyalitätszwang sollen nicht zu einer Ideologie werden, unter der der Einzelne zerbricht.

Um den Kreis der Großfamilie legt Jesus einen zweiten, weiten Ring von „Freunden", genauer: von „Geschwistern im Geiste", die etwas leisten können, wofür mir nur das etwas geschraubte Wort „Gehaltensein" einfällt. Gehalten werden ohne Zwang. In einer Gemeinschaft von Gleichgesinnten, die sowohl locker als auch verbindlich ist. Konkret auf heutige Kirchengemeinden bezogen kann das bedeuten: Nicht alle Gottesdienstbesucher muss man kennen. Nicht alle religiösen Überzeugungen muss man teilen, nicht alle spirituellen Ausdrucksformen gut finden oder mitmachen. Aber: Mit einigen dieser Christenmenschen kann man befreundet sein. Gut befreundet sein sogar. Zutiefst seelisch verbunden sein mit und verstanden werden von Menschen, denen Sie und Ihr Befinden nicht egal sind. Die nach Ihnen fragen und nach Ihnen schauen. Nicht erst im Katastrophenfall, sondern sogar auch dann, wenn es familiär gut geht.

Zum Weiterdenken

» Menschen, die in eine radikale Sekte geraten, brechen den Kontakt zu ihrer Familie u. a. mit solchen Begründungen ab: Was ist „der Wille Gottes", den wir „tun" sollen in Bezug auf Familie und Gemeinde, Verwandte und Freunde?
» Welche Freunde stehen mir innerlich näher als manche Verwandte und warum?

Zum Weiterlesen

1. Samuel 19,1-7; Lukas 9,59-60

16

Mehr als ein lockerer Freundeskreis

Kein Humorist kann so kreativ sein wie die Realität. In einem kommunalen Amtsblatt las ich tatsächlich die Kleinanzeige eines Schützenvereins: *„Reichenbacher Schützen laden ein. Schießen lernen, Freunde treffen!"*

Ist ein Hauskreis, ist eine Gemeinde, ist die Kirche nur ein Verein aus Menschen, die ein gemeinsames Hobby pflegen? Religiöses Brauchtum und ein bisschen Sonntagsfolklore in diesem Fall? Oder sind wir eine partei-ähnliche Lobby, die ihre moralischen Grundsätze politisch und kulturell durchsetzen will? Oder sind wir die Gewerkschaft der „Mühseligen und Beladenen", einer Gesellschaft, für die wir Sozialdienste leisten? Oder sind wir …?

Jesus beantwortet diese Identitätsfrage mit dem Bild eines Weinstocks, an dem Reben hängen (Johannes 15,1-5). Paulus beantwortet die Frage mit dem Bild eines Körpers, der Organe und Gliedmaßen hat (1. Korinther 12,12-14), kurz: Wer Gott zum Vater und Christus zum Bruder hat, ist organischer miteinander verbunden als eine bloße Interessengemeinschaft dies sein könnte. „Freundeskreis" klingt da weit unverbindlicher, ist es aber nicht: „Liebt einander, wie ich euch geliebt habe; das ist mein Gebot. Niemand liebt seine Freunde mehr als der, der sein Leben für sie hergibt" (Johannes 15,12-13). Jesus kündigt an, dass er als unser „Freund" sein Leben aufs Spiel setzen wird. Für welche „Freunde" eigentlich? Zu wem sagt er das?

Zu Simon Matthäus, der von seinem römischen Beamtenschreibtisch mit Pensionsanspruch aufgestanden war. Zu Johanna, der Frau des Finanzministers Chuza am Hofe des Herodes, die aus ihrem goldenen Käfig als Covergirl von „Bunte" und „Gala" ausgebrochen war. Zu Zachäus, dem Zöllner aus Jericho, der seine Schmiergeld-, Steuerhinterziehungs- und Parteispenden-Konten gekündigt hatte. Zu Petrus, der den größten Fischzug in der Firmengeschichte seiner Petri-Heil GmbH & Co KG den Eisvögeln überlassen hatte. Alle hatten ihr bisheriges Leben und manche sogar ihre wirtschaftliche Existenz hingegeben. Warum?

Weil das Verhältnis von Investition und Dividende profitabel war, wie bei jeder guten Aktiengesellschaft? Weil man berechenbar „mehr davon hat", wenn man dazugehört, als wenn man wegbleibt? Nein. Weil Jesus sie liebte und weil sie diese Liebe erwiderten: „Wie mich der Vater geliebt hat, so habe ich euch geliebt. Bleibt in meiner Liebe!" (Johannes 15,9). „Ich nenne euch Freunde und nicht mehr Diener. Denn ein Diener weiß nicht, was sein Herr tut; ich aber habe euch alles mitgeteilt, was ich von meinem Vater gehört habe" (Johannes 15,15).

Freund statt Diener oder Knecht sein – wir sollen also mit egozentrischen Nützlichkeitserwägungen und bedürfnisorientierten Kosten-Nutzen-Kalkulationen aufhören, wenn es um Freundschaften und auch Gemeinde geht. „Was bringt es mir, da hinzugehen?" „Was hab ich davon, dort mitzumachen?" „Was krieg ich dafür, bei denen Zeit zu investieren?"

Diese Bauchnabelperspektive können Sie leichter aufgeben, als Sie denken. Drehen Sie die Fragen einfach rum: „Was bringt es den anderen, wenn ich da hingehe?" „Was haben die davon, wenn ich dort mitmache?" „Was kriegen meine Mitmenschen und Glaubensgeschwister dafür, wenn ich für sie Zeit investiere?" „Wie's dir geht, ist mir nicht egal." „Ich habe, was du brauchst und ich brauche, was du hast" – wenn es auch nur zwei, drei Menschen gibt, von denen und zu denen Sie das sagen können, dann erleben Sie ganz praktisch, was der jüdische Bibelübersetzer Martin Buber ganz philosophisch ausdrückte: „Das Ich reift am Du."

„Ach, und diese wunderbaren Freundschaften sollen im popeligen Kleinklein einer christlichen Gemeindearbeit zu finden sein? Mann Gottes, kommen Sie in der Realität der sterbenslangweiligen Gruppenstunden an", höre ich viele protestieren, „bei rotem Früchtetee aus Stapeltassen, wo sich die alten, weich gebogenen Salzstangen wie welke Blumen über den Glasrand neigen und zu verstimmter Klampfe Kumbaya my Lord gesungen wird!"

Moment. Gehen Sie in eine gemeindliche Kleingruppe, weil es die immer schon gab und sie nicht sterben darf oder weil Sie dort Freunde treffen? Und mit „treffen" meine ich: ihnen wirklich begegnen.

Ich treffe hier nämlich Menschen, die mir *nah* genug stehen und mich *gut* genug kennen, um mir sehr persönlich helfen zu können. Die mir aber *nicht so nah* sind, dass sie betriebsblind und parteilich wären. Lob und Kritik, Trost und Korrektur nehme ich persönlich dann am leichtesten an, wenn sie von jemandem kommen, der den Idealabstand zu mir hat. Die beste Position zwischen Nähe und Distanz. Im Freundeskreis eben.

Zum Weiterdenken

» Was von dem, was wir hier über Freundschaft innerhalb der christlichen Gemeinde gesagt haben, lässt sich auch auf den „ganz normalen" Freundeskreis übertragen?

» Inwieweit decken sich diese beiden Freundeskreise bei Ihnen?

» Was sind Sie bereit, in Ihren Freundeskreis zu investieren (in der Gemeinde und/oder jenseits der Gemeinde)?

Zum Weiterlesen

Hiob 2,11-13; Apostelgeschichte 2,42-47

17

Freund der Ehelosen

Woher die Zahl (oder das Gerücht) stammt, es gäbe „rund 20 Millionen Singles über 30" in Deutschland, weiß ich nicht. Höre und lese es aber oft. Abendfüllend darüber zu räsonieren, warum so viele Frauen und Männer ehelos bleiben (Bindungsangst? Entscheidungsschwäche? Egoismus? Schlechte Ehe-Vorbilder?) bringt niemandem was. Beim Warten und Suchen, beim Ausprobieren und Enttäuschtwerden, beim Daten und Schlussmachen wollen Singles nämlich ungern beobachtet werden. („Na, schon jemanden kennengelernt?") Und ihre Freunde und Freundinnen wollen weder Heiratskandidaten noch Partnerersatz sein, sondern: gute Freunde. Ziemlich beste Freunde sogar. Die gibt es und deshalb kann so manches Single-Leben geselliger, verbundener und gehaltvoller sein als ein hermetisch aufeinander fixiertes Eheleben.

Aber weil sie weder bemitleidet noch heimlich beneidet und schon gar nicht hinter vorgehaltener Hand kommentiert werden möchte, deshalb geht sie, die Singlefrau, lieber in der Mittagspause zum Dorfbrunnen, wenn die Tratschdörfler Nickerchen machen. Blöd nur: Da sitzt ein fremder Mann am Brunnenrand. Und spricht sie prompt an! „Würden Sie mir eine Kelle Wasser hochziehen? Ich habe Durst" (Johannes 4,7).

Er hat schlicht Durst nach Trinkwasser. Sie hat Durst nach Dabeiseindürfen, nach Gemeinschaft, nach Aufgehobensein in einer tragfähigen Beziehung.

Er hat schlicht kein Schöpfgefäß für den ca. 30 Meter tiefen sogenannten Jakobsbrunnen im samaritanischen Dorf Sychar. Sie hat weder Mittel noch Wege, den größer werdenden Abstand zu anderen Leuten überhaupt zu überwinden. Freundschaft mit Ehepaaren? Na ja, nur solange nicht einer der beiden eifersüchtig wird. Freundschaft mit Frauen? Ja, manchmal. Bis Neid und Konkurrenzdenken dazwischenfunken. Freundschaft mit Männern, also „nur" Freundschaft? Glaubt einem eh keiner.

Jesus brennt die Kehle, der Singlefrau brennt die Seele. Aber wer gibt das schon gerne zu. Also antwortet sie patzig: „Wie bitte?! Ich glaub's ja nicht!" (Johannes 4,9-10) Damals durfte ein jüdischer Mann keine samaritanische Frau ansprechen, schon gar nicht öffentlich. Heute dürfen weder Männer noch Frauen den Kampf zwischen Sehnsucht und Misstrauen, Freundschaftswunsch und Vorsichtsmaßnahmen thematisieren. Was will der/die von mir? Wer braucht hier wen? Kann ich meiner Menschenkenntnis trauen? Ist der erste Eindruck der richtige oder täusche ich mich? Empfinde ich überhaupt noch normal? Werde ich langsam plemplem?!

In die selbst-misstrauischen Gedanken der Frau am Jakobsbrunnen hinein trinkt der Fremde aus dem hochgezogenen Wassereimer, wischt sich den Mund und sagt: „Wer von dem Wasser trinkt, das ich ihm geben werde, wird niemals mehr durstig sein. Das Wasser, das ich ihm gebe, wird in ihm zu einer Quelle werden, die unaufhörlich fließt, bis ins ewige Leben" (Johannes 4,14).

Es gibt eine Liebe, die ein Leben hervorbringt, das nicht allein von meinen Charakterstärken und Gemütskräften hergestellt werden muss?! Freundschaften und Ehen, die immer nur so gut sind wie meine Tugenden, meine Disziplin, mein Fleiß, mein Verständnis, meine Versöhnungsbereitschaft – die kennen wir. Aber Beziehungen, die nicht an den Grenzen menschlicher Fähigkeiten und Fertigkeiten enden? Die ihren Halt nicht

nur im „passenden" Gegenüber, sondern in Gottes segnenden und vergebenden Händen haben? Freundschaften und Seelenverwandtschaften, die von einer „göttlichen" Liebe gespeist werden?

Bevor jetzt die Comedian Harmonists „Ein Freund, ein guter Freund" intonieren, versaut Jesus die gerade so nett gewordene Stimmung mit einer unverschämten Aufforderung: „Geh und hole deinen Mann!" Aua. Sie hat doch gar keinen.

Also „hatte", das schon – fünf, um genau zu sein. Aber ihr derzeitiger Freund ist verheiratet. Sie führt das demütigende Leben einer heimlichen Geliebten. „Ich wollte Freunde. Ich wollte einen Partner. Ich wurde eine Affäre", muss sie sich eingestehen und Jesus gegenüber beichten.

„Geh' und hole deine Vergangenheit", sagen Therapeuten, Coaches und Seelsorger manchmal so einfach. Und wir Aufgeforderten antworten im Chor: „Geht gar nicht! Haben wir doch längst abgehakt." Ja leider nicht! Je tiefer, enger und besser Freundschaften werden, umso schmerzhafter entdecken die Freunde, von welchen Gespenstern der Vergangenheit, von welchen Untoten meine Seele durchwandert wird, wie viele Zombies da plötzlich aus dem seelischen Kanaldeckel klettern. Michael Jackson hatte da schon recht mit seinem „Thriller"-Video.

„Ja, aber wo und wie gibt's denn dieses Wasser, das für immer satt macht; wo bitteschön erlebe ich denn eine Liebe, die tragfähiger ist als menschliches Kompromiss-Vermögen? Worauf kann ich vertrauen, wenn ich nicht mal mehr mir selbst übern Weg traue?"

Ganz konkret bringt die Frau am Jakobsbrunnen den Einwand, sie als Samariterin dürfe ja nicht mal in den Jerusalemer Tempel hinein. (Johannes 4,20) Und ebenso konkret fühlen Single-Männer und Single-Frauen heutzutage, sie seien in frommen Kreisen unerwünscht, solange sie in sogenannten „ungeordneten Verhältnissen" leben. Und Jesus sagt: „Vergiss es! Gott, den Schöpfer und Schenker dieser himmlisch übermenschlichen Liebe namens ‚Agape' – dem kannst du überall begegnen, im Geist und in der Wahrheit, am besten hier und jetzt, im Gespräch mit mir."

Moment mal: Der Gesetzgeber, der die Gebote erlassen hat „Du sollst nicht ehebrechen" und „Du sollst nicht deines Nächsten Partner begehren" – der verhält sich barmherzig, gnädig und vergebend gegenüber einer Frau, die genau das schon mehrmals tat! Er wird ihr zu einem „Propheten" (Johannes 4,28-29), das heißt zu jemandem, der von außen unbestechliches Feedback gibt, aber von innen therapeutisch solidarisch zu ihr steht. Jesus wird keineswegs ihr „7. Mann", sondern – der entscheidende Freund einer Ehelosen.

Zum Weiterdenken

» Gibt es in Ihrem Freundes- oder Bekanntenkreis alleinstehende Menschen, die erkennbar einsam sind? Wie gehen Sie damit um?
» (Wie) pflegen Sie „platonische Freundschaften" zu Vertretern des anderen Geschlechts? (Wenn Sie sich in einer Partnerschaft befinden: Wie findet Ihr Partner das?)
» Wenn Sie Single sind: Welche Erwartungen haben Sie an Ihre Freundinnen und/oder Freunde? Erfüllen diese Ihre Erwartungen?

Zum Weiterlesen

Rut 1,1-17; 1. Korinther 7,29-38

18

Männer, stark in schwacher Bindung

Unsere Umgangssprache, so leicht dahergesagt, bewahrt uralte Lebensweisheiten und -erfahrungen auf: Warum nennen Männer ihre Freunde „Kumpels", während Frauen von „Busenfreundinnen" sprechen? Weil Männer zahlreiche lose Kontakte schon zu „Freunden" erklären, während Frauen diesen Ehrentitel nur an Freundinnen verleihen, die ihnen nah am Herzen liegen?

Es ist wieder mal der von mir hoch geschätzte Mark Twain, dem wir die klassische Erzählung einer Jungenfreundschaft verdanken: „Tom Sawyer und Huckleberry Finn". Der von strengen Gouvernanten überbehütet wohlerzogene Tom Sawyer ist unterwegs in die weite Welt, sucht Freiheit und Abenteuer. Und trifft das obdachlose Alkoholiker-Kind Huckleberry Finn. Der ist auf der Suche nach einem Zuhause, sehnt sich nach Bindung und Familie. Warum werden sie „die dicksten Freunde", obwohl sie aus unterschiedlichen Richtungen aufeinandertreffen?

Weil sie von ihrer Gegensätzlichkeit fasziniert sind und viel voneinander lernen. Weil sie einen gemeinsamen Feind haben (den schurkischen Indianer-Joe) und eine gemeinsame Aufgabe (den Schatz in der Höhle finden). Karl Mays klassische Männerfreundschaft „Winnetou & Old Shatterhand" funktionierte übrigens nach demselben Prinzip: große Gegensätzlichkeit, gemeinsame Feinde, gemeinsame Herausforderungen.

Eine über 40 Jahre alte Arbeitsmarkt-Untersuchung des US-Soziologen Mark Granovetter[12] gilt inzwischen als Klassiker und ist auch in Deutschland bisher nicht widerlegt worden: Über die Hälfte aller Angestellten in mittleren oder hohen Führungspositionen verdanken ihren Job einer persönlichen Beziehung.

Kamen also durch „Vitamin B" in ihre berufliche Stellung. Es waren aber selten dicke Freunde, sondern meist nur entfernte Bekannte, die ihnen bei der Karriere entscheidend halfen. Warum?

„Gute Freunde leben meist in derselben Welt wie wir. Sie waren auf denselben Schulen, gehen in dieselbe Kirche, besuchen dieselben Partys. Sie wissen deshalb meist nicht mehr, als man selber weiß. Entferntere Bekannte dagegen kennen andere Leute, wissen andere Dinge und verschaffen uns andere, neue Möglichkeiten", sagte Forscher Granovetter und sah einen ursächlichen Zusammenhang zwischen dem beruflichen Erfolg und der Menge (nicht der Tiefe!) der Beziehungen, die ein Mann hat.

„Frauen umgeben sich mit Menschen, die sie mögen. Männer umgeben sich mit Menschen, die ihnen nützen." Das ist ein sarkastischer Satz à la Mark Twain. Aber vermutlich nicht ganz falsch. Denn außer auf materialisierbare Nützlichkeiten (ein ausleihbares Werkzeug, eine kostenlose Steuerberatung, ein beruflicher Auftrag) achten männliche „Freunde" meist auch darauf, welche Beziehungen fürs Prestige nützlich sind. Man muss mit Doktor Soundso, mit Künstler X oder Lokalpolitiker Y ja gar nicht wirklich befreundet sein – es genügt schon, wahrheitsgemäß erzählen zu können, *dass* man ihn kennt ...

Sollten Sie als Frau das alles ganz furchtbar finden, menschlich schäbig und niederträchtig, und sich schon oft gefragt haben, warum Ihr Mann tausend Leute kennt, „aber keinen richtig" – dann erforschen Sie still und ehrlich mal Ihr Herz, ob Sie völlig frei davon sind. Unterschiedlich in der „Freundschaftspflege" scheint mir nur zu sein, dass Frauen solchen losen Kontakten weniger Bedeutung beimessen, weil sie ihre begrenzte Kraft und Zeit lieber auf „echte", auf „tiefe" Freundschaften konzentrieren. Gar nichts dagegen. Ich kenne aber Mütter, die in Zeiten von Facebook, Instagram und WhatsApp plötzlich diese bisher eher männliche „Stärke der schwachen Bindung" entdeckten, als sie ihren heranwachsenden Kindern einen Praktikumsplatz, ein Zimmer am Studienort oder auch nur einen Gebrauchtwagen vermitteln sollten ...

Und nicht etwa trotz, sondern *wegen* mancher Gegensätzlichkeiten (Stil und Geschmack z. B.), gemeinsamer „Feinde" (Bürokratie und Kosten z. B.) und gemeinsamer Aufgaben (wie helfen wir den Kindern weiter?) wurden dann aus nützlichen Bekannten doch noch nahestehende Herzensfreundinnen.

Zum Weiterdenken

» Sind Sie eher der Typ für wenige, tiefe Freundschaften oder haben Sie einen großen, aber eher lockeren Freundeskreis?
» Welche Ihrer Beziehungen in Ihrem persönlichen Beziehungsnetzwerk sind eher von Nützlichkeitsdenken bestimmt, welche pflegen Sie um der Freundschaft selbst willen?
» Wie wichtig sind Ihnen gemeinsame Interessen und/oder Aufgaben bei Ihren Freundschaften?

Zum Weiterlesen

1. Samuel 20; Johannes 15,12-15

19

Halbwohlfühlfreunde

Ab dem vierzigsten stellt sich das Problem bei *jedem* „runden" Geburtstag. Für zwei Eheleute bis zu ihrem siebzigsten Geburtstag also immerhin achtmal im Leben! Die Silberhochzeit noch gar nicht mitgerechnet: Wen laden wir ein? Wen müssen wir einladen? Wen laden wir nicht ein? Und wer möchte zwar eingeladen werden, aber keinesfalls kommen? Sinnvollerweise machen (meist die Frauen) dann vier Listen: erstens Verwandte, zweitens Freunde, drittens Kollegen, viertens Nachbarn.

Wenn Sie in einem Restaurant oder Hotel feiern und jedes Drei-Gänge-Gedeck kostet 45.-€ (Getränke nicht inklusive), dann wird der Wunsch verständlich, die Zahl der Gäste unter 75 zu drücken. Sinnloserweise machen (meist die Männer) dann wieder vier Listen. Nur im Kopf natürlich, unvollständig, als Gedankensplitter, kurz vor dem Einschlafen oder hinterm Lenkrad im Feierabendstau: Wen möchte ich unbedingt dabeihaben, weil es ein sehr guter Freund ist, noch dazu gesellig und proaktiv im Small Talk mit Fremden? Wen möchte ich nur pflichtgemäß dabeihaben, weil er von seinem Naturell her die Funktion einer Zimmerpalme übernimmt und stumm herumsitzt? Bei wem wär's mir egal, ob er kommt oder nicht, solange er sich nicht betrinkt? Und wen möchte ich eigentlich nicht dabeihaben, weil er mit Sprüchen, Witzen, politischen Statements und moralischen Urteilen zuverlässig die anderen Gäste brüskiert?

Wessen Hochzeit da gefeiert wird und warum Maria, Jesus, und immerhin zwölf Jünger dazu eingeladen wurden, verrät uns Evangelist Johannes nicht (Johannes 2,1-2). Stattdessen erzählt er zügig zwei aufeinanderfolgende, sich steigernde Party-Peinlichkeiten: Der Wein geht aus (Vers 3), Maria sagt es ihrem Sohn (als wenn er der verantwortliche Veranstalter des Festes wäre) und Jesus blafft sie an: „Lass mich in Ruhe, Frau!" (Vers 4) Damit dürfte die Hochzeitsstimmung ihren Tiefpunkt erreicht haben. Schweigend strebt man der Garderobe zu, ruft Taxis herbei, verabschiedet sich entschuldigend.

Warum Maria nicht beleidigt aufsteht und geht, warum die Küchenhilfen dann gehorsam tun, was Jesus ihnen befiehlt – in Überschreitung seiner Zuständigkeit als Gast – und wie die Wandlung von Wasser in Wein dann genau geschieht, das verrät uns Johannes auch wieder nicht. Stattdessen legt er Wert auf die Feststellung, dass sechs Krüge zur Einhaltung jüdischer Reinheitsgebote dastanden und in jeden „zwei bis drei Maß" passten (Vers 6). 40 Liter sind ein Maß, zweieinhalb in jedem Krug, das Ganze mal sechs ... Der ungeheuren Menge entspricht auch ungeheure Qualität: „Das ist ja ein Bordeaux und kein Trollinger", staunt der Sommelier, „wieso serviert Ihr den erst jetzt!?" (Vers 10)

Man könnte diese – übrigens exklusiv bei Johannes aufbewahrte – Szene ganz simpel als Beleg dafür nehmen, dass Jesus genussfähig, sinnenfroh, mithin sogar trinkfest gewesen war. Eine Art christlicher Dionysios. Der hatte laut griechischer Mythologie auch schon mal Wasser in Wein verwandelt. Dann hätten die Suchttherapeuten vom „Blauen Kreuz" ein Problem damit. Man könnte die Geschichte als Beweis der eruptiven Abnabelung eines jungen Mannes von der gutgemeint fürsorglichen Bevormundung seiner Mutter lesen. Dann hätten die katholischen Marienverehrer ein Problem damit. Man könnte die Erzählung als symbolische Bildsprache werten, dass die großen alten Glaubensgefäße der rituellen Reinheit neu und qualitativ hochwertiger gefüllt werden mit dem „Wein" des Blutes Christi. Dann hätten (und hatten auch tatsächlich!) die Juden und Judenchristen zur Zeit des Schreibers Johannes ein Problem damit. Und selbstverständlich: Jesus will deutlich machen, dass die neue Zeit, die er einläutet, ein Freudenfest, eine „Hoch-

Zeit" sein wird. Da, wo er ist, wird deshalb gefeiert und nicht gefastet.

Man kann den Text viel einfacher aber auch als seelsorglichen Tipp lesen: Manchmal helfen einem sogar etwas schräge Gäste aus der Patsche. Verwandeln die Atmosphäre, drehen die Stimmung, füllen den Mangel aus, steuern substanziell etwas Neues bei. Besteht der Freundeskreis nur aus Fans und Nutznießern, aus moralisch oder finanziell Abhängigen, dann hören und erfahren wir nichts Unbekanntes, dann gibt es keine „Aha"- und Schlüssel-Erlebnisse mehr, dann wandeln sich Vorurteile und Klischees niemals, dann wird niemand herausgefordert. Gibt es im Freundeskreis aber ein paar „Halbwohlfühlfreunde" – Leute also, die man unter dem Vorbehalt ihrer relativen Unberechenbarkeit einlädt oder besucht –, dann kann es passieren, dass wir nicht nur peinlich „unser blaues Wunder" erleben, sondern positive und ganz wunderbare „Zeichen" sehen (Johannes 4,11). Verkehrszeichen für den Umgang miteinander, Warnzeichen auf leerlaufende Ressourcen des Geistes, der Nerven, der Seele und des Glaubens. Zeichen der Gegenwart des Auferstandenen. Muss ja nicht gerade auf einer Hochzeit sein, dass Christus uns in Gestalt eines ungewöhnlichen oder unhöflichen Gastes besucht. Kann ja auch in einer Gemeinde passieren …

Unhöflich angeblafft wurde man in Kana scheinbar öfters: „Philippus sah Nathanael und sagte zu ihm: ‚Wir haben den gefunden, über den Mose im Gesetz geschrieben hat und der auch bei den Propheten angekündigt ist! Es ist Jesus, der Sohn Josefs; er kommt aus Nazareth.' ‚Aus Nazareth?', entgegnete Nathanael. ‚Was kann aus Nazareth Gutes kommen?' Doch Philippus sagte nur: ‚Komm mit und überzeuge dich selbst!' Als Jesus Nathanael kommen sah, sagte er: ‚Seht, da kommt ein wahrer Israelit, ein durch und durch aufrichtiger Mann!'" (Johannes 1,45-48)

Die beiden werden Freunde über den Tod hinaus, Jesus und der unbequeme Mann aus Kana (Johannes 21,2).

Zum Weiterdenken

» Sie sind auf einer Hochzeit einer Kollegin eingeladen. Sie kennen von der ganzen Hochzeitsgesellschaft außer der Braut nur noch zwei weitere Kollegen. Möchten Sie lieber mit denen zusammensitzen oder lieber neue Kontakte knüpfen? Wie fühlen Sie sich in einer solchen Situation?

» Können Sie sich an Familienfeste erinnern, wo die Stimmung anfangs angespannt oder wenigstens steif war, und dann lockerer wurde? Was hat dazu geführt?

» Haben Sie in Ihrem Bekannten- oder Freundeskreis solche Menschen, an denen Sie sich zwar manchmal reiben, die Ihnen aber gerade deshalb wichtig sind?

Zum Weiterlesen

1. Mose 18,1-14; Gal 2,11-14

20

Freundschaftspflege-Notstand

Wir geben immer mehr Geld aus für Wohnungen, in denen wir immer weniger Zeit verbringen: genügend Platz für Familien mit zwei oder drei Kindern in gepflegter Wohngegend – egal, ob als Mieter oder Eigentümer – gibt es nur noch, wenn ein üppiges, zwei normale oder zweieinhalb geringe Gehälter reinkommen. Der Boom der Neben-, Teilzeit- und Mini-Jobs hat einen Pflegenotstand verursacht, den kein Gesundheitsminister und keine Versicherungsreform beheben können: den Freundschaftspflege-Notstand. „Wann könnten wir mal wieder die Müllers einladen?" Eigentlich nie. „Kommt ihr mit ins Kino?" Leider nein. Bis wir mal Zeit haben, ist der Film ein Klassiker auf DVD. „Wollen wir zusammen grillen?" Gerne, aber erst nächsten Sommer.

Was erwarten Sie, wie man „eine Freundschaft pflegt"? Ob man mit drei WhatsApps täglich den Kontakt hält, einmal die Woche zusammen Joggen geht oder sich mit zwei Telefonplaudereien pro Halbjahr begnügt, ist ebenso unterschiedlich wie die Bewertung von Geburtstagen. Darf man die ruhig mal vergessen haben? Sollte man mindestens eine Karte schreiben? Muss man

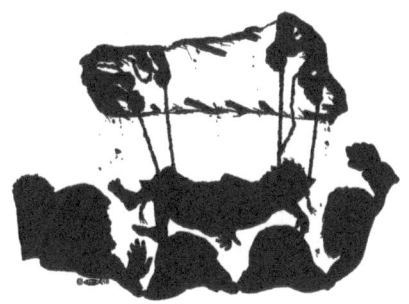

zu jedem besuchsweise erscheinen? Kann man sich immer was Ausgefallenes schenken?

Jesus begegnete einmal fünf Freunden: Die Nagelprobe ihrer Freundschaft kam, als einer von ihnen pflegebedürftig wurde. Und obendrein rückte ein wahrscheinlich einmaliger und deshalb unaufschiebbarer Termin heran. Aber trotz großzügig geschnittener Räumlichkeiten in gepflegter Wohngegend war einfach kein Durchkommen:

Jesus predigt „im Hause", die Zuhörer sitzen und stehen dichtgedrängt bis auf die Straße (Markus 2,2) und vier Freunde eines Gelähmten ärgern sich, dass die Bauverordnung für barrierefreie Zugänge noch nicht erfunden ist.

Sie klettern aufs Dach (sportlich), hieven den Liegenden hinauf (kräftig), stemmen zwei Quadratmeter Dachpappe, Mörtel und Isoliermasse auf (mühselig), treiben das nun staubbedeckte Publikum auseinander (rücksichtslos) und lassen das Pflegebett an vier Seilen hinunter (gefährlich), damit ihr Freund aus der ersten Reihe zuhören kann (genial dreist).

Ein Schwabe hätte jetzt den Hausfriedensbruch plus Sachbeschädigung in Augenschein genommen und mit „Freundchen ..." angefangen. Jesus dagegen „sah ihren Glauben", also das wild entschlossene Hoffen, Bangen und Beten der Freunde, und sagt zu dem Gelähmten: „Mein Sohn ..." (Markus 2,5). Zwei Wörter hieven ihn drei Stufen hoch: aus der anonymen Masse über den Freundeskreis hinaus in die Familie Gottes hinein. Bevor irgendwas Weiteres gesagt oder getan wird, stellt Jesus klar: Der leidende, der kranke, der eingeschränkte Mensch gehört zu Gott auf die denkbar engste Weise, die es gibt: wie ein Kind zu seinen Eltern. Jesus lässt keinen Zweifel aufkommen über die absolute Zugehörigkeit und unverlierbare Menschenwürde auch des leistungsschwachen oder bewegungsunfähigen Menschen.

Er könnte jetzt die Zuhörer in Kleingruppen aufteilen, Kärtchen und Stifte verteilen und sagen: „Da ist mir ja ein schönes Fallbeispiel vor die Füße gefallen. Warum gibt es überhaupt Behinderte? Wie kann ein Gott der Liebe es zulassen, dass so ein armer ..."

Nein, völlig unerwartet geht es weiter: „Mein Sohn, deine Sünden sind dir vergeben!"(Markus 2,5b). Wie bitte? Alle sind schockiert. Aber Jesus redet nicht einem ursächlichen Zusammenhang von Krankheit und Sünde das Wort, sondern stellt ganz unpolemisch fest: Jeder Mensch – auch der leidende – ist ein schuldbeladener Mensch. Ein Verletzter, ja, aber eben auch ein Verletzender. Wir werden nicht zu Engeln, sobald wir auf die Intensivstation kommen. Und welche intriganten Ekelpakete es in Reha-Kliniken und Pflegeheimen gibt, das können Ihnen gemobbte Krankenschwestern und Altenpfleger erzählen. Jesus ist liebevoll und präzise zugleich, wenn er von Gottesferne und verlorener Sinnmitte spricht und damit an den Wesenskern des Menschen und seiner Beziehungen rührt.

Markus, der Erzähler aus den 40er-Jahren des ersten Jahrhunderts, zeigt uns einen Dachschaden der modernen europäischen Schulmedizin im 21. Jahrhundert: zu leugnen, dass der Mensch eine leib-seelische Einheit ist und jede Krankheit in einem psychosomatischen Zusammenhang betrachtet und behandelt werden muss. Wir wollen nicht nur repariert, sondern befreit werden. Wir suchen nicht nur physische Gesundung, sondern auch psychische Heilung.

Den Freunden auf dem Dach wird's heiß: Heilt ihn Jesus jetzt oder müssen wir ihn wieder liegend raufziehen? Als die Schriftgelehrten unter den Zuschauern meckern, das sei ja wohl eine gotteslästerliche Anmaßung, Sünden im Namen Gottes zu vergeben (Markus 2,6-7), beginnt auch noch eine spitzfindige Diskussion über die umstrittene Messianität.

Da, endlich: Jesus vollbringt ein Heilungswunder. Der Gelähmte steht auf und geht. Diesmal zum Glück durch die Tür (Verse 11-12). Die zwei Fragen heute an uns sind einfach, finde ich:

Zum Weiterdenken

» Wenn ich gelähmt wäre – vor Sorge, vor Enttäuschung, Angst, Verlustschmerz oder Trauer – und nicht mehr zu einer persönlichen Gottesbegegnung durchdringen könnte – gäbe es dann vier Freunde, die mich tragen und ertragen würden?

» Und wen trage ich eigentlich? Für wen würde ich wild entschlossen hoffen, bangen und beten und nichts unversucht lassen, um ihm zu helfen?

Zum Weiterlesen

Prediger 4,9-12; 2. Timotheus 4,9-22

_____

_____

_____

_____

21

Mal angenommen, wir nähmen uns an

„Nehmt einander an!" – Jeder Teamleiter in der Firma, jeder Personalchef eines Konzerns, jede Chefredakteurin im Sender müsste für eine solche Plattitüde etwa fünf Euro ins Phrasen-Sparschwein werfen. „Wir wollen uns wertschätzen", „wir respektieren einander", „wir kooperieren", „wir verhalten uns konstruktiv" – diese feuchtwarmen Wortwolken des Roland-Berger-und-McKinsey-Sprech verhindern weder Mobbing am Arbeitsplatz noch Shitstorms in den sozialen Netzwerken. Kein Chef brüllt mehr: „Fristlos rrrrrraus!" Heutzutage sagt er höflich: „Wie lange sind Sie schon bei uns, Meier? Morgen mal nicht mitgerechnet?" Die Kündigung ist aber dieselbe.

Der zweite Satzteil in Römer 15,7 – „Nehmt einander an, *wie Christus euch angenommen hat"* – ist eine glatte Überforderung. Ich? Wie Christus? Lieber Briefschreiber Paulus, da überschätzt du mich aber! Ich hege Sympathien und Antipathien, mein Herz und mein Hirn sind von erfahrungsgesättigten Vorurteilen bevölkert. „Wie Christus" soll ich andere Leute annehmen? Meine eigene bucklige Verwandtschaft vielleicht; meine Mitbewohner nur, solange sie nicht den Kühlschrank leerfuttern; meine Nachbarn, wenn sie nicht samstagsfrüh den Rasen mähen; meine Freunde noch am ehesten, falls sie nicht lästig anhänglich werden; meine Mitchristen in der Gemeinde bestenfalls, wenn wir ethisch-theologische Reizthemen aussparen. Aber alle anderen – Schwule und Schwarze, Atheisten und Muslime, Sozis und Grüne, Bayernfans und militante Veganer – nee, nee, nee.

Ein inflationärer Appell, eine moralische Überforderung und ein spirituelles Rätsel. Das wäre dieser Satz, hinge er nicht an dem

Wörtchen „hat". „Wie Christus Euch angenommen *hat*". Das ist die Voraussetzung, ohne die der Rat des Paulus tatsächlich nur ein knuffiger Rippenstoß zum Aufhübschen des Betriebsklimas oder des Familienfriedens wäre. Die Gemeinde in Rom besteht nämlich im Frühsommer des Jahres 56 n. Chr. aus einer heidenchristlichen Mehrheit und einer judenchristlichen Minderheit. Die jüdisch-stämmigen Gläubigen waren unter Kaiser Claudius diskriminiert und vertrieben worden. Trost und Halt gegeben hatte ihnen die eifrige Pflege ihrer Frömmigkeit und strenge Beachtung ihrer Reinheitsgebote, Gesetze und Rituale. Seither halten sie die penible Einhaltung von Vorschriften für ihre Stärke. Verständlicherweise.

Jetzt, unter Kaiser Nero, dürfen sie in die Millionenmetropole zurückkehren und finden eine inzwischen stark angewachsene bunte Truppe von Heidenchristen aus aller Herren Länder vor. Die sind weder beschnitten noch halten sie Speisegebote ein, die kennen das mosaische Gesetz mehr so vom Hörensagen, sehen überhaupt alles ziemlich locker und halten eben diese „Freiheit vom Gesetz" für ihre größte Stärke. Verständlicherweise. Grillt so ein andalusischer Heidenchrist genüsslich sein Steak unbekannter Herkunft, findet das der orientalische Judenchrist moralisch schwach. Krümmt der Judenchrist am Sabbat keinen Finger, auch nicht, um Gutes zu tun, findet das die römische Heidenchristin moralisch schwach. Wer bitteschön sind denn nun die Starken und wer die Schwachen? Ist derjenige „ungefestigt", der libertinär und en gros dem Vorbild Jesu und seinem Gewissen folgt? Oder ist gerade derjenige „ungefestigt", der en Detail die Leitplanken strenger Vorschriften braucht?

Überraschung: Paulus diskutiert oder definiert das gar nicht! Er ruft die Schwachen nicht auf, endlich stark und frei zu werden. Er droht den Starken nicht, sie würden schon sehen, wo das endet. Er beklagt keine kleinliche Unreife bei den Schwachen und lobt keine blühende Vielfalt bei den Starken. In Kapitel 14 sagt er lediglich, die Schwachen sollen die Starken nicht richten. Und die Starken sollen die Schwachen nicht belächeln.

Die Frage lautet also nicht „wo stehe ich?" oder „wo stehen

die anderen?" – es gibt fromme Verbandsfürsten und journalistische Ketzerjäger, die beschäftigen sich gern damit – sondern die Frage lautet: „*Wie* stehe ich zum anderen?" Und von diesem „wie" kommt Paulus, schwups, zum „*wie Christus*" und zu dessen kategorischem „hat". Christus *hat* euch – euch alle, uns alle! – nämlich bereits angenommen. Paulus appelliert nicht an unsere menschenmögliche Toleranzfähigkeit, sondern erinnert an unsere geschehene Erlösung und Rechtfertigung durch Christus.

Warum, dritter Satzteil, „... wie Christus euch angenommen hat, *zu Gottes Ehre*", würde ein solches Verhalten Gott Ehre machen? Weil wir damit demonstrieren, dass wir alle nur Begnadigte sind. Und weil wir damit eine uralte jüdisch-christliche Vision wachhalten: den universalen Lobpreis der Völker, wenn Gottes Reich sichtbar gekommen sein wird: In den Versen unmittelbar nach unseren, Verse 9-11, bezieht sich Paulus auf die „unübersehbare Menge der Nationen", die z. B. in Offenbarung 7,9 beschrieben wird. Es gibt also auch eine – Vorsicht Fremdwort – „eschatologische" Begründung für die Aufforderung „Nehmt einander an". Im Sinne von „Nehmt einander schon jetzt an" – denn Christus wird beim jüngsten Gericht möglicherweise manche annehmen, von denen ihr's nicht dachtet.

Denkt und glaubt ein anderer anders als du – und lebt demzufolge auch anders als du – dann musst du nicht jedes Mal den Herrn im Himmel zum Vaterschaftstest bitten. Überlass das Urteil ihm, am Ende jedes Lebens oder am Ende dieser Welt. „Macht also Gott Ehre, indem ihr einander annehmt, weil ihr von Christus angenommen seid", sagt Paulus.

Zum Weiterdenken

» Welche(n) Menschen wollten Sie bisher im Himmel nie wiedersehen müssen?
» „Wie Christus euch angenommen" – haben Sie das verinnerlicht? Wenn nicht – wie könnte das gelingen?
» Nur, damit das Wiedersehen im Himmel nicht peinlich wird: Wo besteht jetzt schon Handlungsbedarf? (Solange noch alle Beteiligten auf dieser Erde weilen ...)

Zum Weiterlesen

Matthäus 18,21-35; Sprüche 17,9

Woche 4

In herzlicher Abneigung verbunden

Heile Beziehungen zu meinen Feinden

von Harald Orth

Zwei Männer fliegen in einem Motorflugzeug über der Kalahari-Wüste. Einer von ihnen trinkt den letzten Schluck aus einer Colaflasche und wirft sie danach achtlos aus dem Fenster. Sie landet im Sand der Wüste und wird wenig später von einem Bewohner eines afrikanischen Stamms entdeckt. Mit diesem Moment ändert sich alles.

Da die Menschen des Stammes nicht wissen, was Glas ist, geschweige denn ein Flugzeug, halten sie die Flasche für ein Zeichen der Götter. Damit beginnt eine tragisch komische Geschichte mit Ängsten, Sorgen und Rivalitäten, Streit und Schmerzen, bis hin zum Zerwürfnis des ganzen Stammes. Und das alles wegen einer blöden Colaflasche. Hätte der Pilot sie nicht aus dem Fenster geworfen, wäre allen viel Leid erspart geblieben. Zu sehen ist diese verrückte Story in dem Film „Die Götter müssen verrückt sein".

Im realen Leben ist der Zusammenhang zwischen Ursache und Wirkung leider meistens nicht so einfach. Die wenigsten Beziehungskrisen lassen sich auf einen einzigen Grund zurückführen, der an allem schuld ist und ohne den die Feinde noch Freunde wären. Im Gegenteil: Meistens besteht der Konflikt aus einem Knäuel von vielen unterschiedlichen Fakten und Emotionen, Meinungen und Aussagen, die nur schwer zu entwirren sind. Deshalb empfinden viele den Weg zur Versöhnung als sehr anstrengend und ermüdend. Man-

che suchen dabei die eine „Flasche", auf die sich alles zurückführen lässt, finden sie aber nicht, weil es sie nicht gibt. Deshalb braucht es oft mehrere Anstöße und Impulse von verschiedenen Seiten, um die weiteren nötigen Schritte zu gehen. Sieben dieser Impulse werden Sie in der vor uns liegenden Woche lesen. Auf geht's!

22

Die Königsdisziplin

Unter Leichtathleten gilt der Zehnkampf als die Königsdisziplin. Nicht weil er besonders ehrenhaft oder heilig wäre, sondern weil er sehr vielseitige und umfassende Anforderungen an die Athleten stellt. Vom Speerwerfen über Hürdenlauf und Sprint bis hin zum Kugelstoßen und Stabhochsprung – alle diese Sportarten müssen sie trainieren und möglichst gut beherrschen. Sie können sich in der Vorbereitung nicht nur auf eine oder zwei dieser Disziplinen konzentrieren. Das ist eine gewaltige Herausforderung.

Oder, wie es ein Athlet selbst sagte: „Es braucht jeden Muskel, den der Körper zu bieten hat. Sonst klappt's nicht."

Das ist bei der „Disziplin", mit der wir uns in dieser Woche beschäftigen, nicht anders. An der Beziehung zu Menschen zu arbeiten, mit denen wir in Unfrieden, Streit oder Konflikten leben, und diese (wenn möglich) zu verbessern, ist die schwierigste Aufgabe, der wir uns stellen können. Nicht umsonst sagt Jesus in der Bergpredigt (salopp übersetzt): „Seinen Freunden etwas Gutes zu tun, kann jeder. Bei den Feinden ist das wesentlich schwieriger" (vgl. Matthäus 5,46).

Feindesliebe ist die Königsdisziplin der Beziehungsarbeit, die ein hohes Maß an Vergebungsbereitschaft, Einsicht und Wertschätzung benötigt; die also nicht nebenbei geschieht, sondern bewusst angesteuert werden will. Es ist aber auch die Arbeit, die im positiven Fall die besten und langlebigsten Früchte ernten lässt.

In der bekannten Geschichte von Josef und seinen Brüdern lässt es sich gut nachvollziehen, dass das Leben mit einer unvergebenen Schuld sehr schwierig und belastend sein kann. Als die Brüder zum ersten Mal in äußere Not gerieten, sagten sie sinngemäß zueinander: „Jetzt müssen wir büßen, was wir unserem Bruder angetan haben" (vgl. 1. Mose 42,21). Die alte Rechnung war noch nicht beglichen. Und im weiteren Verlauf der Geschichte kam diese Sünde von damals immer wieder zur Sprache und lag als drohender Schatten über der ganzen Familie. Viele Jahre lang mussten sie damit leben, dass dieses Kapitel nicht abgeschlossen war. An manchen Stellen kann man erkennen, wie sie sich dafür gegenseitig die Schuld in die Schuhe schoben.

Wie befreiend und geradezu erlösend wirkte da die Vergebung Josefs, nachdem er sich geoutet hatte. Er, der sich in seiner jetzigen sehr mächtigen Position an seinen Brüdern ohne Weiteres hätte rächen können, tat das gerade nicht, sondern sorgte stattdessen für eine versöhnliche Zusammenführung der ganzen Sippe. Dadurch, dass er auf „Wiedergutmachung", also auf Rache verzichtete, nahm er dem Bösen die Macht und vermied weitere schlimme Konsequenzen.

Die Versöhnung wirkte wie eine Schleuse, die endlich geöffnet wurde und viele andere positive Schritte nach sich zog: Erwachsene Männer lagen sich in den Armen und weinten miteinander. Die alte Sache von damals konnte endlich begraben werden. Sie holten ihre Familien nach, samt dem alten Vater, und begegneten sich zum ersten Mal seit vielen Jahren wieder. Sie bezogen gemeinsam (!) neues Wohngebiet und gründeten den Verbund, aus dem später der Staat Israel werden sollte.

Versöhnung mit meinen Feinden ist auch deshalb eine Königsdisziplin, weil sie ein riesiges Maß an neuen Möglichkeiten eröffnet, an die vorher kaum zu denken war. Sie ist gut zu vergleichen mit einem Schlüssel, durch den ich eine Haustüre öffnen kann und Zugang zu vielen verschiedenen Zimmern bekomme, die mir vorher verschlossen waren. Mit anderen Worten: Es lohnt sich sehr, für Versöhnung zu trainieren und auf das eine oder andere zu verzichten. Denn Versöhnung hat auch mit Verzicht zu tun. Dazu morgen mehr.

Zum Weiterdenken

» An wen denken Sie jetzt zuerst? Wie heißen die Menschen, die Ihnen gegenüber noch alte Rechnungen zu begleichen haben? Schreiben Sie die Namen auf.
» Warum fällt es so schwer, diese alten Geschichten zu vergessen und demjenigen unvorbelastet zu begegnen?

Zum Weiterlesen

1. Mose 45,1-8; 1. Johannes 4,7-16

23

Ganz oder gar nicht!

Wenn man einen Kenner und Liebhaber des Mittelalters nach einem Beispiel für Feindschaft und Versöhnung fragt, bekommt man sehr wahrscheinlich den berühmten Konflikt zwischen Heinrich IV., Kaiser des Heiligen Römischen Reiches, und Papst Gregor VII. zu hören. Bekannt geworden ist dieser Streit aus dem 11. Jahrhundert durch den sogenannten Gang nach Canossa, womit Heinrich IV. seine Bußbereitschaft signalisieren und den Papst überzeugen wollte, ihn wieder in den Schoß der Mutter Kirche aufzunehmen. Drei Tage und Nächte ließ dieser ihn bei Eis und Schnee vor den Toren der Burg warten, bis er schließlich nachgeben und den König vom Bann lösen musste. So viel Zerknirschung und Reue konnte der Papst nicht unbeantwortet lassen, sonst wäre er seiner seelsorglichen Verantwortung nicht gerecht geworden. Also nahm er den zurückgekehrten verlorenen Sohn wieder auf und alles schien vergeben und vergessen.

Das große Problem dieser scheinbaren Versöhnung aber war, dass sowohl die Buße des Königs als auch die Vergebung des Pontifex nicht echt, sondern nur ein schlechtes Schauspiel waren. Hintergründiges Motiv beider Akteure war die Frage nach der Macht. Wer hat mehr zu sagen, der König oder der Papst? Wer ist wessen Chef? Um in diesem Konflikt nicht zu verlieren, diente die (vorgetäuschte) Versöhnung als gute Lösung für beide Seiten. Daran, dass kurz danach der Konflikt aber wieder aufbrach und zu einem weitaus größeren und blutigeren Streit führte, lässt sich die Halbherzigkeit erkennen. Resümee: Ein fauler Friede ist absolut keine Lösung. Und Versöhnung als zweitklassiges Werkzeug für übergeordnete Motive erst recht nicht.

Ich glaube, jeder von uns wird dieser Zusammenfassung zustimmen. Denn daran, dass halbherziger oder vorgetäuschter Friede nichts bringt, hat sich bis heute nichts geändert. Dennoch treffen wir mehr denn je auf viele verschiedene Formen dieser Alibi-Versöhnung. Auch unter Christen wird mancher Friede nur halbherzig geschlossen, weil andere Absichten dahinterstehen.

Um des lieben Friedens willen, sagen die meisten Beteiligten; wohl wissend, dass das nicht echt ist. Oft genug kommt bei nächster Gelegenheit der Streit wieder auf den Tisch und reißt den alten Graben nicht nur auf, sondern vergrößert ihn auch noch.

Wenn man einen Kenner und Liebhaber des Alten Testaments nach einem Beispiel für Feindschaft und (vorgetäuschter) Versöhnung fragt, dann bekommt man sehr wahrscheinlich den Konflikt zwischen König Saul und seinem Nachfolger David zu hören. Auch in diesem Streit drehte sich letztlich alles um die Machtfrage. Saul konnte es einfach nicht ertragen, dass der junge David beliebter war als er und deshalb schon als sein Nachfolger gehandelt wurde. Daher versuchte er mehrmals, ihn zu ermorden.

Verblüffend ist ebenso die Parallele, dass Saul mehrmals Reue zeigte und Versöhnung vortäuschte. Sogar seinem Sohn Jonathan, Davids bestem Freund, schwor er in einer stillen Stunde, David von nun an freundlich zu begegnen (1. Samuel 19). Doch das Versprechen hielt nur so lange, wie eine Wunderkerze brennt.

Als Saul das nächste Mal von Neid und Eifersucht gepackt wurde, waren seine guten Vorsätze vergessen.

Ein kluger Mann hat einmal gesagt: Jede Versöhnung ist nur dann nachhaltig und belastbar, wenn ihr ein Prozess der inneren Reinigung vorausgeht. Genau das hat sowohl im ersten als auch im zweiten Beispiel gefehlt und fehlt auch heute noch relativ häufig. Beide Seiten müssen diese Vorarbeit leisten, indem sie in ihrem eigenen „Keller" nach Altlasten suchen und diese ausmisten. Das kann bedeuten, dass ich mir meiner Motive bewusst werde, sie anspreche, hinterfrage und vielleicht auch korrigieren lasse; oder dass ich versuche zu erkennen, welche Kraft mich wozu antreibt (Macht, Eifersucht, etc.) und ob das wirklich gut ist. Es kann auch bedeuten, dass ich meine scheinbaren Ansprüche loslasse, um ohne Vorgaben auf meinen „Feind" zuzugehen. Wie auch immer diese innere Reinigung aussieht; wenn sie nicht vor der Versöhnung geschieht, kann daraus nur ein fauler Friede entstehen. Der wiederum zerfällt, wie gesehen, wie ein Kartenhaus beim nächsten Windstoß.

Zum Weiterdenken

» Welchen faulen Frieden haben Sie schon mal geschlossen? Was ist daraus geworden?
» Warum fällt es uns oft so schwer, uns unserer eigentlichen Motive bewusst zu werden?
» Was beinhaltet für Sie der „Prozess der inneren Reinigung"?

Zum Weiterlesen

Jeremia 8,4-13; Jakobus 1,13-27

24

Nichts für Schwächlinge?

Kennen Sie den? *Ein Ostfriese lehnt sich an eine Mauer. Darauf fällt die Mauer um. Warum? Ganz einfach: Der Klügere gibt nach.* Oder den? *Wie viele Leute brauchen Ostfriesen, um eine Glühbirne auszuwechseln? Antwort: fünf. Einer stellt sich auf den Tisch und hält die Birne fest und die vier anderen drehen den Tisch.*

Es gibt so viele köstliche Ostfriesenwitze, dass ich damit locker die nächsten fünfzig Seiten füllen könnte. Und alle laufen auf die gleiche Pointe hinaus, nämlich, dass die Menschen aus Ostfriesland offenbar dumm, unfähig und lächerlich sind. Frage: Woran liegt das? Wie ist dieser Eindruck entstanden? Dem nachzugehen würde jetzt zu weit führen und ist auch nicht nötig. Ich behaupte einfach mal, das Bild vom dusseligen Ostfriesen ist ein Klischee – also ein nicht haltbares Vorurteil, das gerne aufrechterhalten wird, aus welchen Gründen auch immer. Ähnlich wie bei Beamten oder Blondinen. Auch hier gibt es sehr lustige Witze … aber lassen wir das jetzt.

Ein ganz ähnliches Phänomen lässt sich bei unserem Thema Versöhnung beobachten. Auch hier kursieren manche Klischees, die den wertvollen Prozess unnötig erschweren und für manche sogar unmöglich machen. Beispiel: „Nur Schwächlinge und Weicheier versöhnen sich; echte Kerle brauchen das nicht." Oder: „Das ist doch bloß emotionales Geschwafel. Bei mir zählen nur harte Fakten."

Mit solchen Sprüchen rücken viele das Thema in eine sehr schwierige Ecke und machen einen ernsthaften Annäherungs- und Vergebungsprozess fast unmöglich. Deshalb wird es Zeit, diese und andere Vorurteile schnellstens zu beseitigen.

Trennung ist nicht immer schlecht. Abraham und Lot werden uns im Alten Testament als echte Geschäftsmänner dargestellt. Beide hatten riesige Viehherden, die ihnen ein großes Einkommen und, gemessen an den Maßstäben ihrer Zeit, hohen Wohlstand bescherten. Damit verbunden waren aber auch echte Probleme und Sorgen, z. B. darüber, wo sie für ihre Herden genug Weideland finden, denn die vielen blökenden Mäuler wollten auch alle gestopft werden. Auf der Suche nach Fressbarem kam es zwischen den beiden Männern bzw. ihren Hirten immer häufiger zu erbittertem Streit. Jede Seite beanspruchte das jeweilige Weideland für sich, was bei den anderen wiederum zu Protesten führte. So entstand mit der Zeit eine regelrechte Feindschaft zwischen den beiden Lagern.

In 1. Mose 13 können wir nun lesen, dass Abraham seinen Neffen Lot deswegen zu einem Versöhnungsgespräch einlud. Die beiden Männer trafen sich, um den Streit zu beseitigen und künftig auch nicht wieder aufleben zu lassen. Schließlich, so sagte Abraham, stammen wir beide aus ein und derselben Familie. (Was es nicht unbedingt leichter macht.)

Wenn wir uns dieses Versöhnungstreffen näher anschauen, dann fällt auf, dass hier keine Schokoladenherzen und Streicheleinheiten verteilt wurden, sondern harte Fakten auf den Tisch kamen. Man lag sich nicht in den Armen und gelobte künftig Besserung, sondern entschied sich zur Trennung. Um Streit und Feindschaft zu vermeiden, schien es den beiden Männern sinnvoller, sich mit ihren Herden künftig aus dem Weg zu gehen. Das Ergebnis der Versöhnung war also nicht Nähe, sondern Weite.

Hier sind wir wieder bei einem Versöhnungs-Klischee, das sich bis heute hartnäckig zu halten scheint, weil es uns überall begegnet. Es heißt: Um mich mit jemandem zu versöhnen, muss ich mich auch emotional mit ihm verstehen. Wir müssen beste Freunde werden; sprich: mit Gedanken und Gefühlen möglichst nahe beieinander sein. Erst dann kann die Versöhnung gelingen.

Das Beispiel von Abraham und Lot belegt aber genau das Gegenteil, was, wie ich finde, sehr befreiend wirkt. Denn kein Mensch kann von jetzt auf gleich positive Gefühle für jemanden empfinden, mit dem er sich jahrelang gestritten hat. Trotzdem können sie sich versöhnen. Kein Mensch muss erst eine Wohngemeinschaft gründen mit jemandem, dem er jahrelang aus dem Weg gegangen ist. Trotzdem kann man die Feindschaft beenden. Wir können und dürfen Versöhnung nicht von unseren Gefühlen abhängig machen, weil die meistens erst sehr viel später reagieren. Im Gegenteil: Manchmal muss der Kopf den Bauch besiegen, damit die Magenschmerzen irgendwann nachlassen.

Zum Weiterdenken

» Welche Klischees zum Thema Versöhnung kennen Sie? Wo sind Ihnen welche begegnet?
» Wie empfinden Sie die Aussage, dass Versöhnung unabhängig von unseren Gefühlen möglich ist? Kennen Sie Beispiele dafür?

Zum Weiterlesen

Matthäus 4,38-42; Apostelgeschichte 15,36-41

25

Wer spielt eigentlich welche Rolle?

„Im Anfang schuf Gott …" Mit diesem Satz beginnt die Bibel und lässt uns auf den weiteren Seiten daran teilhaben, wie alles entstand und wozu der Schöpfer fähig und in der Lage ist. Wir haben also einen schaffenden Gott – für jeden Schwaben müsste alleine das schon ausreichen, ihn sympathisch zu finden. Und solange er schafft und formt und seiner göttlichen Kreativität freien Lauf lässt, ist auch alles gut. Am Ende sogar sehr gut. Problematisch wird es in dem Moment, in dem er das Heft des Handelns anderen überlässt, seinen Geschöpfen. Denn das, was Adam und Eva dann zustande bringen, ist alles andere als gut. Es endet in einem handfesten Konflikt, unter dessen Folgen wir bis heute zu leiden haben.

Nun kann man diesen ersten Ungehorsam und die daraus entstehende Ur-Sünde sehr gut auslegen und mehrere rote Fäden bis in die Gegenwart ziehen: Die Schlange, die als Undercover-Satan verdeckt arbeitet und die Bedenken Evas beiseiteschiebt; die Versuchung in Form der süß schmeckenden Frucht; die fehlende Reue über ihre Tat und der darauf folgende Rausschmiss Adams und Evas aus dem Paradies. Alles das kennen wir unter anderen Vorzeichen zur Genüge und es bietet den Stoff für zahllose Predigten und Bibelarbeiten.

Ich möchte diese altbekannte Geschichte heute aber einmal von einer ganz anderen Position betrachten und nicht nach Schuld und Sühne fragen, sondern nach der Rollenverteilung: Wer von den Darstellern spielt in diesem Drama welche Rolle und wie sind sie verteilt? Oder anders gefragt: Passen die „Schauspieler" und ihre Auftritte zueinander oder hat sich da nicht etwas ganz gewaltig verschoben?

» Eigentlich verkörpert Gott in der Bibel die Rolle des liebenden Schöpfers; der Freund des Menschen, wie er gerne genannt wird.

» Eigentlich ist Satan genau das Gegenteil: der Widersacher Gottes und Feind aller Menschen, der sie von Gott wegzieht.

» Eigentlich gehen Mann und Frau in der Ehe einen lebenslangen Treuebund ein, mit dem sie einander versprechen, sich zu lieben und für den jeweils anderen einzustehen.

Sie merken es schon: Jeder Satz beginnt mit dem Wort „eigentlich". Denn in der sogenannten Urgeschichte aus 1. Mose 3 verkörpern alle Beteiligten gerade nicht die ihnen zugedachten Rollen, sondern eine diametral andere: Satan schmeichelt sich ein und wird scheinbar zum Freund der Menschen. Gott spielt den Ankläger und Rausschmeißer (Kinder würden sagen: den Spielverderber) und Adam und Eva schieben sich gegenseitig die Schuld in die Schuhe. Anstatt zueinander zu stehen, klagen sie sich an.

Und der Leser fragt nun zu Recht: Was um alles in der Welt ist die Ursache für diese Fehlbesetzung? Warum werden die Rollen in diesem Konflikt offensichtlich so drastisch vertauscht? Merkt das keiner?

Die Lerneinheit, die hinter dieser Ursünden-Geschichte steckt, ist die Erkenntnis darüber, wie viel Macht und Nachhaltigkeit ungelöste Konflikte entwickeln können. Wie viel Unordnung und Chaos es nach sich zieht, bis hin zum tatsächlichen Rollentausch, wenn streitende Personen nicht aufeinander zugehen, um das zu beseitigen, was wirklich im Weg steht.

Paulus schreibt an die Korinther: „Gott ist nicht ein Gott der Unordnung, sondern ein Gott des Friedens" (1. Korinther 14,33). Auf den ersten Blick könnte man meinen, dass der Apostel sich bei der Wahl dieser Paare verschrieben hat. Würde als Gegensatz zu Unordnung nicht Ordnung viel besser passen? Und zu Frieden Unfrieden oder Streit?

Beides ist richtig. Paulus hat diesen (exegetischen) Zwischenschritt ausgelassen und ist sofort zur Auslegung übergegangen. Denn das war sein eigentliches Anliegen: Streit, Unfrieden und Feindschaft haben immer zur Folge, dass etwas Wesentliches in Unordnung gerät – bis hin zum Rollenkonflikt. Da werden aus langjährigen Freunden plötzlich erbitterte Feinde, obwohl sie das nie vorhatten. Liebende Ehepaare werden zu sich gegenseitig anklagenden und verurteilenden Rivalen, obwohl sie sich bei der Hochzeit genau das Gegenteil versprochen hatten; und aus einem Team von vertrauensvollen Mitarbeitern wird ein Haufen von Konkurrenten, die dem anderen die Butter auf dem Brot nicht gönnen.

Unversöhnlichkeit birgt ein riesiges negatives Potenzial in sich, das alles auf den Kopf stellt und kaputt macht, was uns wert und wichtig ist. Ist es da nicht viel sinnvoller und nachhaltiger, die eigentliche Ursache offen zu bekennen und um Verzeihung zu bitten?

Zum Weiterdenken

» Welche Beispiele fallen Ihnen ein, in denen Sie so einen „Rollentausch" erlebt haben?
» Warum versuchen viele Menschen oft, die Schuld auf andere zu schieben, anstatt sie zu bekennen? Was ist daran so schwer?
» Lässt sich der Vergleich Streit = Unordnung auch auf andere Lebensbereiche anwenden? Wenn ja, welche?

Zum Weiterlesen

Epheser 4,1-6; Jakobus 3,13-18

26

Die Bauanleitung (Teil 1)

Ich stehe im Baumarkt bei den Wohnraumdachfenstern und suche nach guten und brauchbaren Informationen. Meine liebe Frau und ich haben beschlossen, unseren Dachboden auszubauen, und das Erste, was dazu nötig ist, ist eben ein Fenster. Mit Licht fängt alles an. Das kommt mir irgendwie bekannt vor. Mein Problem: Ich habe noch nie ein Dachfenster eingebaut, verfüge also über null Erfahrung und muss mir deshalb alles anlesen. Da ich keine Flyer oder Ähnliches finde, gehe ich zu einem der Mitarbeiter und frage nach. Der hält den Ball ganz flach und sagt: „Wer schon mal einen Nagel in die Wand geschlagen hat, kann auch ein Fenster einbauen. In der Bauanleitung steht alles drin." Das ermutigt mich. Also kaufe ich das Fenster, das am schönsten aussieht und fahre voller Vorfreude und Elan nach Hause. Ich ziehe meinen Blaumann an, reiße die Verpackung auf und finde tatsächlich eine sehr ausführliche Bauanleitung neben meinem Fenster.

Dann aber kommt der Schock: Im ganzen Heft (über 30 Seiten) steht nicht ein einziges Wort – nicht Englisch, nicht Deutsch – nichts! Nur Bilder und Zeichnungen, und die lassen sehr zu wünschen übrig. Sie sind noch nicht einmal nummeriert, sodass ich zumindest eine Reihenfolge erkennen könnte. Ich kann

es kaum fassen. Anhand dieser wild durcheinandergewürfelten Skizzen soll ich jetzt mein Dachfenster einbauen. Das kann ja heiter werden.

Wer sich mit seinen Freunden oder Bekannten über das Thema Versöhnung unterhält, bekommt mit Sicherheit viele gut gemeinte Antworten. Manche können vielleicht aus Erfahrung reden, andere sind zu dem Thema sehr belesen und wieder andere kennen jemand, der dazu sehr viel weiß. Alles schön und gut. Wenn man dann aber etwas weiterfragt und nach einer bewährten und allgemein verständlichen „Bauanleitung" zur Versöhnung sucht, kommen oft nur ein paar lose zusammenhängende Skizzen. „Das muss jeder für sich selbst rausfinden." Oder: „Dazu gibt es keine allgemeingültigen Regeln." So lauten dann meistens die Erklärungen für das peinliche Schweigen. Und mit diesen Zeichnungen soll ich mich jetzt mit meinem Feind versöhnen. Das kann ja heiter werden.

Um diesem Halbwissen etwas weiterzuhelfen, werden wir uns in den nächsten drei Tagen anschauen, welche Versöhnungs-Anleitungen wir in der Bibel finden, denn da gibt es einige. Und ich verspreche Ihnen schon jetzt: Das sind nicht nur ein paar schlechte Skizzen, sondern gute und nachvollziehbare Erfahrungswerte, die auch heute noch funktionieren.

Den Hinweis, über seinen eigenen Schatten zu springen, kennen die meisten von uns nur zu gut. Wer etwas sagen oder tun soll, was ihm richtig schwerfällt und absolut gegen das eigene Empfinden spricht, der springt über seinen Schatten. Die Redewendung passt insofern, als es physikalisch (eigentlich) gar nicht möglich ist. Die Anforderung ist also sehr hoch. Lucky Luke konnte schneller die Pistole ziehen als sein Schatten. Er ist aber auch der einzige Schattenbezwinger, den ich kenne.

Was sich hinter diesem spaßigen und leicht kindlichen Vergleich verbirgt, ist für viele Menschen aber absolut nicht lustig. Sie haben unter tiefen Verletzungen bis hin zu traumatischen Erlebnissen zu leiden. Bewusste Lügen und Falschaussagen, Mobbing, öffentliches Denunzieren, sogar körperliche Misshandlungen – im gegenseitigen Verletzen ist die Menschheit leider sehr kreativ. Das alles ist damit gemeint, wenn wir von unserem „Schatten" reden. Und den soll ich nun überspringen, also vergessen und abhaken, ohne Gegenleistung und Wiedergutmachung? Unmöglich!

Doch, es ist möglich. Zwar nicht leicht, aber möglich. Der Weisheitslehrer im Alten Testament – nennen wir ihn der Einfachheit halber Salomo – umschreibt diese Meisterleistung mit einem weiteren Bild, das uns erst einmal schwer verständlich scheint. Er redet davon, dem anderen „feurige Kohlen" auf den Kopf zu legen (Sprüche 25,22). Was er damit meint, wird an der Erklärung deutlich: „Wenn dein Feind Hunger hat, dann gib ihm zu essen. Wenn er durstig ist, reiche ihm Wasser."

Salomo spricht hier genau von denjenigen, die uns all das Schlimme und Widerliche angetan haben, was wir oben aufgezählt hatten – Feinde also, denen wir am liebsten eins in die Fr… hauen würden. Und er sagt: Tue ihnen Gutes! Schenke ihnen deine Hilfe und Aufmerksamkeit! Gib ihnen genau das, was sie nicht erwarten. Warum? Weil das wesentlich mehr bei ihnen bewirkt und auslöst, als wenn du mit gleicher Waffe heimzahlst. Feurige Kohlen auf dem Kopf kann kein Mensch ertragen. Ebenso wenig kann jemand damit leben, wenn sein Feind ihm Gutes tut. Es zwingt ihn zum Umdenken. Der erste, aber wichtigste Schritt auf dem Weg zur Versöhnung beginnt genau hier.

Zum Weiterdenken

» Was löst die Andacht bei Ihnen aus? Zuspruch oder Widerspruch, Bejahung oder Empörung? Schreiben Sie Ihre Empfindungen auf.

» An wen müssen Sie jetzt denken? Warum?

» Was fällt Ihnen bei der Beschreibung des eigenen Schattens ein? Fühlen Sie sich stark genug, ihn zu überspringen?

» Wie könnte das mit den „feurigen Kohlen" heute gemeint sein? Zählen Sie Beispiele auf.

Zum Weiterlesen

1. Mose 50, 15-26; Römer 12,9-21

_____

_____

_____

_____

27

Die Bauanleitung (Teil 2)

Im Religionsunterricht reden die Kinder darüber, dass Frommsein nicht nur Kopfsache ist, sondern auch im Alltag durch gute Taten gelebt werden muss. Der Lehrer macht das anhand von Abraham deutlich, dessen Glaube sich darin zeigte, dass er gehorsam Gottes Auftrag befolgte und seine Heimat verließ, obwohl ihm das sicherlich nicht leichtfiel.

Hausaufgabe: Bis zur nächsten Stunde soll sich jeder Schüler eine gute Tat einfallen lassen, um das Gehörte umzusetzen. Aber es muss auch ein bisschen schwerfallen – ähnlich wie bei Abraham.

Eine Woche später tragen die Kinder stolz zusammen, was sie alles getan und erlebt haben. Kevin erzählt: „Ich habe einer alten Oma über die Straße geholfen." „Schön", sagt der Lehrer. „Aber das ist dir doch nicht schwergefallen, oder?" „Doch", antwortet

Kevin. „Sehr schwer sogar. Sie glauben ja gar nicht, wie die sich gewehrt hat."

Im ersten Schritt unserer „Versöhnungs-Anleitung" ging es um die Frage, warum es gut und notwendig ist, über seinen eigenen Schatten zu springen. Das war Thema unserer gestrigen Lektion. Dieser oft sehr schwierige Schritt geschieht zuerst einmal nur in mir selbst. Es ist eine unsichtbare, aber unverzichtbare Überzeugungs- und Überwindungsarbeit.

Heute geht es um die Umsetzung, also um ganz praktische Konsequenzen, die dem gut gemachten Anfang folgen sollten. Denn ähnlich wie in der Geschichte von Kevin und der guten Tat ist auch Versöhnung nicht nur Kopfsache, sondern will gelebt und praktiziert werden. Und hier ist Kreativität gefragt. Dazu ein anschauliches Beispiel:

Hummer sind gefährliche Tiere. Sie haben kräftige Scheren und äußerst robuste Panzer. Sie sind angriffslustig und aggressiv, und manchmal fressen sie sich sogar gegenseitig auf. Ab und zu aber werden vor allem Hummer-Weibchen von einer anderen Kraft geleitet, nämlich dem Art-Erhaltungs-Trieb. Dazu müssen sie einem Männchen sehr nahe kommen. Mehr noch: Um sich zu paaren, müssen die Weibchen ihren Panzer ablegen. Das bedeutet Lebensgefahr! Für das Männchen wäre es jetzt ein Leichtes, die flirtende Dame zu töten, wenn diese nicht über eine Geheimwaffe verfügen würde: Bevor sie ihren schützenden Panzer abstreift und in die Höhle des Männchens kriecht, spritzt sie einen Botenstoff in seine Wohnung. Dieser Stoff mildert die Aggressivität des Partners und sorgt für eine spannungsfreie Begegnung. Er schafft eine Atmosphäre des Vertrauens, die nötig ist, um sich nahe zu kommen. Gut so, denn sonst gäbe es bald keine Hummer mehr.[13]

In Apostelgeschichte 9, 27-31 können wir lesen, dass Paulus nach seiner Bekehrung den großen Wunsch verspürte, sich der Gemeinde in Jerusalem zu zeigen und anzuschließen. Schließlich gehörte er ja jetzt zu ihnen, den sogenannten Christen. Diese aber hatten große Not mit dem Ex-Saulus und verweigerten ihm die Gemeinschaft mit der Begründung, dass er seit Jahren als Feind aller Gläubigen bekannt sei. Ihm zu begegnen wäre das sichere Todesurteil. Dass inzwischen eben aus dem Saulus ein Paulus, aus dem Christenverfolger ein Freund der Frommen geworden war, wollten sie nicht glauben. Da kann ja jeder kommen. Was nun?

Um diese (berechtigten) Hürden abzubauen und eine Atmosphäre des Vertrauens zu schaffen, holte Paulus seine Geheimwaffe hervor: einen Mann mit Namen Barnabas (Sohn des Trostes). Er genoss unter den Christen ein großes Maß an Vertrauen, sodass er sich für Paulus einsetzen und ein erstes Treffen arrangieren konnte. Sie glaubten zwar immer noch nicht an die 180-Grad-Bekehrung des Saulus, aber sie glaubten Barnabas. Das war entscheidend.

Diese beiden Beispiele haben eigentlich nichts miteinander zu tun. Dennoch haben sie eine große, gemeinsame Schnittmenge, und die heißt: Versöhnung braucht kreative Ideen. Sich zu treffen, um über die alten Sachen zu reden, ist keine kreative Idee. Zumindest am Beginn des Versöhnungsprozesses bewirkt ein solches Meeting meistens nichts Gutes, weil in der Regel beide Seiten nur die alten Verletzungen wieder aufwärmen und sich gegenseitig um die Ohren hauen. Viel wichtiger ist es, gemeinsam neue und positive Erfahrungen zu machen; etwas miteinander zu erleben, worauf sich neu aufbauen lässt; zu entdecken, dass der oder die andere ja auch sehr positive und sympathische Seiten hat. Dadurch werden die negativen Erfahrungen kleiner und treten in den Hintergrund. Und genau dazu braucht es oft „Vermittler": Menschen, Themen, Aufgaben, Ziele, … alles, was als neue Brücke zwischen den streitenden Parteien dient. Und hier kann es nicht kreativ genug sein.

Zum Weiterdenken

» Wie wirkt dieser erste praktische Schritt auf Sie? Ist er nur auf dem Papier nachvollziehbar oder auch im Alltag?
» Welche möglichen Brücken fallen Ihnen ein?

Zum Weiterlesen

2. Mose 23, 1-9; Matthäus 7,24-27

28

Die Bauanleitung (Teil 3)

Zeit heilt alle Wunden, sagt der Volksmund und fordert uns damit zum aktiven Widerspruch heraus. Denn wenn es wirklich so wäre, dann bräuchten wir uns über das Thema Versöhnung keine Gedanken mehr zu machen. Einfach nur abwarten, Tee trinken und so lange nichts tun, bis auch die schlimmste Verletzung im Laufe der Zeit verheilt und vergessen ist. Basta.

Aber so ist es natürlich nicht. Um echte Versöhnung zu bewirken, braucht es schon etwas mehr als lediglich Zeit und Geduld. Das ist in den vergangenen Tagen und Wochen mehr als deutlich geworden und muss wohl auch nicht extra bewiesen werden. Dennoch spielt die Zeit in der Versöhnung eine nicht unerhebliche Rolle und, ich wage es fast nicht zu behaupten, trägt eben doch dazu bei, dass manche Wunden heil werden.

Im neutestamentlichen Griechisch gibt es zwei unterschiedliche Begriffe für das deutsche Wort „Zeit". Der eine heißt *Chronos* und meint den Zeitraum, die Dauer, oder einen ganzen Abschnitt vom Anfang bis zum Ende. Ein Jahr zum Beispiel mit seinen 365 Tagen ist ein solcher Abschnitt, mit dem wir manchmal auch eine gewisse chronologische Abfolge oder Reihenfolge verbinden.

Das zweite Wort lautet *Kairos*. Hier liegt die Betonung auf dem Zeitpunkt, dem Moment, dem Augenblick, der so schnell, wie er gekommen ist, auch wieder vergeht. Dahinter verbirgt sich auch die Bedeutung von einer Chance oder einer Gelegenheit, die es jetzt zu nutzen gilt, weil sie eben einmalig ist und so nicht wiederkommt, wie etwa die Torchance in einem Fußballspiel.

Ein Fußballspiel ist ein Mix aus beidem: Die zwei Halbzeiten mit je 45 Minuten bilden den zeitlichen Rahmen – den *Chronos*. Und die darin enthaltenen Chancen und Höhepunkte für Sieg oder Niederlage stehen für *Kairos* – die wichtigen kurzen Momente, in denen ein Tor fällt.

Zum einen reden wir von einem Versöhnungsprozess, einem Zeitraum also, der je nach Beteiligung unterschiedlich lange und intensiv sein kann und in dem auch einfach mal abgewartet werden muss. Zum anderen gibt es innerhalb eines solchen Prozesses aber auch wichtige Zeitpunkte und Augenblicke, wo wesentliche Entscheidungen und Weichenstellungen getroffen werden, die den weiteren Verlauf deutlich beeinflussen. Und beides, sowohl der Prozess als auch der Augenblick, gehört für die Versöhnung unbedingt zusammen und ist gleichermaßen wichtig.

Biblisch lässt sich das sehr gut nachvollziehen an dem Beispiel eines Weges, den ein Mensch bzw. mehrere Menschen miteinander gehen, z. B. die 12 km zwischen Jerusalem und Emmaus, die Jesus mit zweien seiner Jünger zurückgelegt hat. Oder der Weg, den der sogenannte verlorene Sohn gegangen ist, angefangen beim „Auszug" von zu Hause bis zur Rückkehr. Beide Geschichten – wie manche andere auch – enden mit einem Happy End, einer umfassenden Versöhnung der zuvor zerstrittenen Akteure. Eine Heilung, für die der vorher zurückgelegte Weg absolut wichtig und maßgebend war.

Diese Zeit des Unterwegsseins (*Chronos*) hatte für alle Beteiligten sowohl stille als auch passive Phasen, in denen Erlebtes und Gesagtes verarbeitet werden musste und jeder Versuch der Beschleunigung völlig falsch gewesen wäre. Abschnitte also, in denen von außen betrachtet nichts geschah, die aber für den Erkenntnisprozess des Einzelnen unverzichtbar waren.

Dann gab es aber auch einzelne Momente (*Kairos*), in denen der Groschen fiel. Zusammenhänge wurden klar, Fragen beantwortet und Entscheidungen getroffen. Das, was zuvor erkannt und erfahren werden musste, wurde jetzt umgesetzt. Beides zusammen ist gleich wichtig!

Diese beiden Pole gehören zu jedem Versöhnungsprozess (!) dazu und sollten aktiv begleitet werden. Es gilt zu unterscheiden zwischen innerer Erkenntnisarbeit und äußerem Aufeinanderzugehen. Es darf nicht künstlich beschleunigt werden, was noch Zeit braucht. Es darf aber auch nicht versäumt oder verpennt werden, was entschieden werden muss.

Zeit heilt nicht automatisch alle Wunden. Das stimmt. Aber sie trägt wesentlich dazu bei, wenn sie klug gestaltet wird.

Zum Weiterdenken

» Chronos oder Kairos: Versuchen Sie, die beiden Begriffe mit Ihren Worten zu erklären. Welche Rolle spielen sie für den Versöhnungsprozess? Wie kann man sie ausfüllen und nutzen?
» Denken Sie an Menschen, mit denen Sie in Unfrieden leben: Was wäre der nächste Schritt, um eine Versöhnung voranzubringen, Chronos oder Kairos?
» Lesen Sie die beiden unten genannten Bibelstellen und versuchen Sie, sich in die Lage der Hauptdarsteller zu versetzen. Was waren für den Heilungsprozess der Beziehung die wesentlichen Momente?

Zum Weiterlesen

1. Mose 45, 8-14; Lukas 24,13-35; Lukas 15,11-24

Woche 5

Omas Fünfundsiebzigster

Heile Beziehungen zu meiner Familie

Von Andreas Malessa

*„Die Familie ist die älteste aller Gemeinschaften und die einzige na-
türliche ...", schrieb im 18. Jahrhundert der Aufklärer Jean-Jacques
Rousseau in den „Gesellschaftsvertrag" (sein berühmtes Manifest
einer neuen, gerechten politischen Ordnung). Wer Zitate im Zusammenhang lesen kann, ist hier allerdings klar im Vorteil – Rousseau
singt nämlich gar kein Loblied auf die Familie, sondern fährt fort:
„... obgleich die Kinder nur solange mit dem Vater verbunden bleiben, wie sie seiner zu ihrer Erhaltung bedürfen. Sobald dieses Bedürfnis aufhört, löst sich das natürliche Band." Ob er die Anfangsätze
seines Buchs, „Der Mensch wird frei geboren, und überall ist er in
Ketten. Mancher hält sich für den Herrn seiner Mitmenschen und
ist trotzdem mehr Sklave als sie ...", auch auf die Familie bezogen
wissen will, sei einmal dahingestellt.*

*Als Eltern wäre man, hätte Rousseau recht, jedenfalls ziemlich
angeschmiert: 20 Jahre Zahlmeister, und wenn der Nachwuchs flüg-
ge ist, steht man alleine da. Was ist eigentlich mit Teil 2 des Gene-
rationenvertrages – der Verantwortung der Kinder für ihre alt ge-
wordenen Eltern?*

*An einem Punkt hat Rousseau aber mit Sicherheit geirrt: Das
natürliche Band zur Familie ist nicht plötzlich durchgeschnitten,
wenn ich die Füße nicht mehr unter Papas Tisch halte. Hier haben wir alle „lebenslänglich" bekommen: Wir können die Kommu-*

127

nikationsleitung durchschneiden und so den Kontakt abbrechen. Die Bindung und Prägung werden wir nicht los. Umso wichtiger, sich über eine heile Beziehung zur Familie Gedanken zu machen. (Übrigens: Wenn ich eine zerbrochene Vase wieder zusammenkleben will (also heile machen), setzt das zuallererst das Eingeständnis voraus, dass die Vase zerbrochen ist. Eigentlich banal – nur wenn's um die eigene Sippe geht, trauen wir uns diese Diagnose oft nicht.)

29

Sehr geehrt und heiß begehrt: Familie!

Raten Sie mal, was 14- bis 18j-ährige Jugendliche antworten, wenn sie gefragt werden, was für sie „Lebensqualität" bedeutet? Tun und lassen dürfen, was man will? Party machen bis der Arzt kommt? Dem Hamburger Marktforschungsinstitut Ipsos gegenüber sagten sie in den letzten Jahren immer dasselbe: „Familie!"[14]

Auf deutschen Standesämtern werden jährlich rund 400.000 Ehen besiegelt, die Zahl der Scheidungen geht zurück (2003 waren es 214.000. 2016 „nur" noch 166.000), aber weil sich das grob gerechnet immer noch wie 2 zu 1 verhält, lautet die populäre Faustformel: „Jede zweite Ehe wird geschieden." Der Satz ist falsch. Um den Gesundheitszustand der Institution Ehe zu beschreiben, müsste man nämlich die jedes Jahr weiterbestehenden Ehen dazurechnen. Zählt jemand, wie viele Silber- und Goldhochzeiten jährlich gefeiert werden? Außerdem wünschen sich die meisten Geschiedenen ja nicht etwa *keine,* sondern eine *bessere* Ehe. Und die, die „nur so" zusammenleben (was fromme Leute früher „wilde Ehe" nannten, bis sich herumsprach, dass es da auch nicht wilder zugeht als woanders …) – die gehen meist dann zum Standesamt, wenn ein Kind kommt. Rund 80 % jedes Geburtsjahrgangs werden in eine trauscheinbesiegelte Ehe hineingeboren.[15]

Weil im 19. Jahrhundert vielerorts die Wohnhygiene dürftig, die medizinische Versorgung schlecht, die Arbeit hart und die Kinder zahlreich waren, sanken manche Männer und Frauen ab Ende 50 krank und ausgezehrt ins Grab, was wiederum „Fortsetzungs"-Ehen häufig machte. Der zweite Mann, die „neue"

Frau. Warum kommt in Märchen und Sagen so oft die „böse Stiefmutter" vor? Weil es sie überall gab. Es hieß halt nur nicht „Patchwork"-Familie. Heute leben wir länger und – sind demzufolge auch „langlebiger" verheiratet!

Und weil die Ausbildungswege weiter, die Arbeitsstellen fragiler, die Anfangsgehälter bescheidener, die Lebenshaltungskosten jedoch höher sind, bleiben unsere jung-erwachsenen Kinder heutzutage länger im „Hotel Mama" hocken als je zuvor, d. h. es gibt mehr Drei-Generationen-Haushalte als vor 50 oder 100 Jahren.

Kurz und klein: Ehe und Familie sind eine heiß begehrte, hoch verehrte, alles überragende Lebensform unserer Gesellschaft. „Ehe und Familie – vom Zeitgeist bedroht!" Solche Schlagzeilen sind frommer Alarmismus, um die Gefolgschaft, die Spenden und die Abonnements der Empörten und Besorgten zu sichern.

Die Frage ist nicht, *ob* postmoderne Männer und Frauen des 21. Jahrhunderts Ehe und Familie *wertschätzen* – das tun sie ganz unübersehbar. Die Frage ist, ob sie in der lebenslangen Treue und Verantwortung füreinander noch einen *Schöpfungsauftrag Gottes* sehen. Gott sagt auf den ersten Blättern der Bibel: „Es ist nicht gut, dass der Mensch allein sei" (1. Mose 2,18).

Das bedeutet nicht, dass alle Menschen für die Ehe geschaffen sind – sonst gäbe es weder segensreiche Mönche noch Nonnen –, aber es bedeutet, dass niemand für die Einsamkeit geschaffen ist.

Nun ist Familienleben anstrengender und konfliktreicher als Singlesein. Meistens jedenfalls. Die verständliche Sehnsucht nach der „heilen", wenn möglich sogar „heiligen" Familie wird von einer Flut erbaulicher Ratgeberbücher – meist aus dem Amerikanischen – befeuert, die ein bieder-bürgerliches Familienidyll der 60er-Jahre in die Bibel hineinprojizieren.

Als hätte Gott bei der Erschaffung von Adam und Eva an die Trapp-Familie und „Unsere kleine Farm" gedacht. Aber Jakobs Kinder und Enkel waren nicht die Hesselbachs. David und Salomo nicht Pfleiderer und Häberle. Und Maria, die Mutter Jesu, ist nicht Mutter Beimer. Ganz im Gegenteil! Die großen Familiengeschichten der Bibel sind haarsträubende Konfliktgeschichten:

Abraham überlebt nur dadurch, dass er seine Frau dem Pharao als Haremsgespielin überlässt und behauptet, sie sei seine Schwester (1. Mose 12,10-20). In Ermangelung gleichaltriger Männer schlafen die Töchter des Lot mit ihrem sturzbetrunkenen Vater und – bekommen Kinder aus diesem Inzest (1. Mose 19,31-38). Mose, verheiratet mit Zippora, holt sich eine dunkelhäutige Äthiopierin ins Bett (4. Mose 12,1). Prinz Absalom, ein missratener Hallodri, organisiert einen Militärputsch gegen seinen Vater David (2. Samuel 15,10-14). Die junge Witwe Tamar verkleidet sich als Hure und verführt ihren Schwiegervater (1. Mose 38,15-25). Die Skandalchronik ließe sich fortsetzen.

Was ist die „gute Nachricht" daran?

Dass Gott auf der Seite der jeweils Schwächeren eines Konflikts steht. Dass er *für* die Betrogenen und Übervorteilten eintritt. Dass sich Gott parteilich und anwaltschaftlich zu den Opfern eines Dramas stellt. Und sie auf lange Sicht und am Ende gnädig, barmherzig, „heilend" rehabilitiert.

Zum Weiterdenken

» Überlegen Sie (oder schreiben Sie eine Liste): Was schätze ich an meiner Familie, was trägt sie konkret zu meiner Lebensqualität bei? Und umgekehrt: Was trage ich zur Lebensqualität der anderen Familienmitglieder bei?

» Welche Beziehung innerhalb meiner (Groß-)Familie ist mir Kraftquelle, welche kostet mich Kraft? Und warum eigentlich?

» Für wen und warum erhoffe und erbitte ich ein heilendes „Eingreifen" Gottes?

Zum Weiterlesen

1. Chronik 17,25-27; Psalm 73,23-26; 1. Korinther 1,26-31

_____

_____

_____

_____

30

Mama zerreißt es das Herz

„Wahnsinn!" „Wowowoooo!!" „Ich könnte schreien vor Glück!"

Das jubelt eine junge Frau, die wahrscheinlich sechs Richtige im Lotto hat und am selben Tag einen Heiratsantrag von ihrem Liebsten bekommt. Oder einen Parkplatz in Stuttgart. Aber so redet doch keine Singlefrau ohne Ausbildung, wenn sie feststellt, schwanger zu sein!?

Doch, tut sie: In Lukas 1,46-55 singt Maria jenen Lobgesang aus spontanen Begeisterungsrufen und liturgischen Psalmenzitaten, der als „Magnificat" in die Literatur- und Musikgeschichte einging. (Falls Sie in einem Chor singen: John Rutters „Magnificat" von 1990 finde ich am schönsten.) Weil Maria es als eine aufwertende Ehre empfindet, mit der Verantwortung für ein Kind beauftragt zu werden.

Und dann? Verliert sie den Jungen auf einem Volksfest drei Tage lang aus den Augen (Lukas 2,43-45)! War Maria eine umsichtige Mutter? Zumindest dieses eine Mal hat sie ihre Aufsichtspflicht so vernachlässigt, dass es heute jede Erzieherin den Job kosten würde. „Kind, warum hast du uns das angetan? Wir haben dich mit Schmerzen gesucht", sagt sie erleichtert, aber vorwurfsvoll, als sie den Zwölfjährigen im Tempel findet. Zum ersten Mal bewahrheitet sich, was ihr der greise und weise Simeon schon bei der Beschneidungsfeier des Babys prophezeit hatte: „Durch deine Seele wird ein Schwert dringen" (Lukas 2,35). Simeon meinte damit den erwartbaren Protest gegen Jesus als Gesandten Gottes und seinen frühen Tod am Kreuz.

Gilt dieser Satz dann also nicht mehr für uns heute? Für alle

Eltern aller Zeiten? Doch, tut er: Kinder merken nicht, wie viele Schmerzen sie uns zufügen, weil sie egozentriert und Im-Augenblick-Lebend keine Folgen oder Sekundärwirkungen ihres Verhaltens einschätzen können. Was ihr Tun bei Mama und Papa an Gefühlen und Gedanken auslöst, ist für sie völlig unvorhersehbar. Wenn ich was ausgefressen hatte und meine Mutter entsetzt fragte „was hast du dir dabei gedacht?!" – war die einzig ehrliche Antwort gewesen: „Nix."

Verwandeln Sie also Ihre Sorgen und Schmerzen bitte nicht in Schuldgefühle Ihrer Kinder. Sondern drehen Sie die selbstvergessene Ich- und Jetzt-Bezogenheit eines Kindes mal auf die positive Seite: Meistens merken kleine Kinder ja auch nicht, wie viel Freude, welche tief beglückenden Momente sie uns schenken, wie viel weniger wir gelacht, geküsst und gefeiert hätten ohne sie.

Vordergründig erzählt uns Evangeliumsautor Lukas, dass sich Jesus im Tempel und in den biblischen Büchern zu Hause fühlte und er möglicherweise schon früh ahnte, von Gott berufen zu sein (Lukas 2,49). Hintergründig aber sagt er uns Eltern aller Zeiten: Wenn ihr eure jung-erwachsenen Kinder phasenweise „verloren" glaubt und nicht mehr zu ihnen findet, sind sie deshalb nicht notwendigerweise verloren. Und für Gott keineswegs unauffindbar.[16]

Mutter- und Vatersein ist schön, weil wir unsere Kinder auf eine Art lieben wie sonst niemanden auf der Welt. Weil sie uns himmelhochjauchzendes Glück bereiten können wie kein anderer Mensch. Elternschaft ist aber auch schmerzhaft wie ein „Schwert durch die Seele", weil wir verantwortlich sind und verantwortlich gemacht werden für unsere Kinder, die letztlich nicht „unsere" Kinder sind, sondern Gottes Kinder. Weil wir sie niemals besitzergreifend „haben" oder zur eigenen Stabilisierung „halten" dürfen, sondern gehen lassen müssen. Der ultimative Härtetest der Liebe.

Gute Erziehung, das ist, wenn ich mit allen seelischen und geistigen Kräften dafür sorge, dass man mich nicht mehr braucht. Elternschaft ist die olympische Disziplin der Liebe, weil ich 25 Jahre lang an meiner Verzichtbarkeit arbeiten soll. Dieser doppelte Verlust – der des betreuungsbedürftigen Kindes und der meiner Bedeutsamkeit – tut weh. Da hatte der Simeon im Tempel schon recht.

Wenn Sie nur denjenigen aufopferungsvoll lieben können, der niemals erwachsen und autonom wird, der Sie garantiert und immer braucht und verehrt – dann werden Sie bitte nicht schwanger, sondern kaufen Sie sich einen kleinen Hund. Der bietet Ihnen Liebe an der Leine.

Zum Weiterdenken

» Was machen Sie, wenn Ihr Kind leider nicht mit den Lehrern im Tempel die Bibel studiert, sondern mit den falschen Kumpels in der Disco das Internet durchpflügt?
» Wo hört nötige Aufsichtspflicht auf und fängt mögliches Loslassen an?
» Dass ich meinen jung-erwachsenen Kindern lebensweltlich-kulturelle Eigenständigkeit zugestehe, ist klar. Aber auch geistliche und ethisch-moralische „eigene Wege"?
» Wenn Sie noch kleine Kinder haben: Wie können Sie sich auf das Loslassen vorbereiten?
» Selber gerade jung-erwachsen? Wo müssen Sie Ihren Eltern noch helfen, sich von Ihnen abzunabeln?

Zum Weiterlesen

1. Mose 28,1-4; Epheser 6,1-4

31

Welcher Vater darfs denn sein?

Möglicherweise haben wir heute die besten Väter, die es je im deutschen Kultur- und Sprachraum gegeben hat. Bärtige junge Kerle mit Babys im Tragetuch, riesige Schwärme radelnder Männer mit Kleinkindern im Fahrradsitz, beschlipste Anzugträger zwischen den Müttern am Spielplatzrand, Handwerker im Blaumann, die am Schulhofausgang ihre Sprösslinge abholen – das sagt zwar noch nichts über die tatsächliche Verteilung von Zeit, Kraft und Geld bei der „Erziehungsarbeit" in den Familien aus, aber der gute Wille zum guten Vatersein ist unübersehbar. Das war nicht immer so. Wenn fromme Kreise den bösen Zeitgeist von heute und Nationalkonservative die guten Werte von gestern beschwören, ist das geschichtsfälschender Unsinn. Zumindest was die Rolle des Erziehers und Familienvaters angeht:

Als Friedrich II. von Preußen mithilfe seines Flötenlehrers Hans-Hermann von Katte vor seinem prügelnden Vater fliehen wollte, ließ dieser den Freund köpfen. Am 6. November 1730 im Hof der Festung Küstrin. Und Friedrich musste zuschauen. Bewacher pressten sein Gesicht ans Fenster. Als das Schwert auf Leutnant Katte niedersauste, wurde Fritz ohnmächtig.

250 Jahre später rächte sich ein Sohn für weitaus schlimmere Grausamkeiten seines Vaters, die der anderen zugefügt hatte, indem er ein Buch schrieb: „Der Vater. Eine Ab-

rechnung" von „Stern"-Reporter Niklas Frank.[17] Sein Vater Hans Frank war der NS-Generalgouverneur von Polen, der „Schlächter von Warschau". Der inzwischen fast 80-jährige Niklas schreibt:

> „Es gibt Väter, die zeugen einen täglich neu. So wie der meine mich. Ich schlage mich mit ihm herum, ein Leben lang."

Das christliche Gegenmodell ist der sprichwörtlich „himmlische Vater", von dem Jesus im Gleichnis von den verlorenen Söhnen erzählt (Lukas 15,1-32). Ein aufmüpfig egoistischer Sohn verprasst sein vorzeitig ausgezahltes Erbe, stürzt sozial ab, bereut sein kaputtes Leben und kehrt heim. Ein sehnsuchts- und liebevoller Vater „läuft ihm entgegen" (was für Patriarchen als würdelos galt), „fällt ihm um den Hals und küsst ihn" (womit er sich nach jüdischem Glauben verunreinigt, weil der Sohn Schweinehirt war), „steckt ihm einen Ring an den Finger" (was die bedingungslose Zugehörigkeit besiegelt) und will mit ihm „essen und fröhlich sein" (obwohl der Hallodri schon genug Familienbesitz verschleudert hat).

Ich kenne Christen, die dieses Gottesbild des vergebenden, barmherzigen, gastfreien Vaters-im-Himmel nicht glauben können, weil sich ihnen ihr eigenes biografisches Vaterbild davorschiebt und sie den normsetzenden Gesetzgeber-Gott, den Rächer und Richter, den streng fordernden Vater-im-Himmel vermissen. Oder fürchten. Oder fürchten wollen.

Nun will ich Ihre Fähigkeit nicht unterschätzen, sich durch einen liederlichen Lebensstil finanziell und moralisch zu ruinieren. Ich vermute aber: Sie, die Leser dieses Buchs, ähneln doch mehrheitlich dem treuen, braven, verantwortungsvollen, fleißigen und gehorsamen Sohn, der immer daheimgeblieben war (Lukas 15,25), stimmt's? Der nicht mit der Strenge, sondern mit der vermeintlichen Luschigkeit seines Vaters hadert. Der sich bei Gott sicherer fühlen würde, wenn seine Barmherzigkeit Grenzen hätte. Wenn im vielbesungenen „Vaterhaus" eben nicht so „viele Wohnungen" wären (Johannes 14,2), sondern nur unsere. Genau an solche Leute richtet sich die Zielaussage von Jesus: „Aber jetzt mussten wir doch feiern und uns freuen; denn dieser hier, dein Bruder, war tot, und nun lebt er wieder; er war verloren, und nun ist er wiedergefunden." (Lukas 15,32)

Manche erhoffen sich eine heilere Gottesbeziehung, wenn sie erst mal mit ihrem irdischen Vater „ins Reine gekommen", mit ihrer Kindheit, ihrer Erziehung, den Familienverstrickungen „fertig" sind. Nichts dagegen, aber mit Verlaub: Das kann dauern. Vielleicht wird ja umgekehrt ein Schuh draus?

Zum Weiterdenken

» Listen Sie in drei parallelen Spalten auf: Was ich an meinem Vater schätz(t)e/Was ich tolerierend hinnehme bzw. hinnahm/ Was mich bis heute an ihm ärgert.
» Wenn Sie sich Ihren „Wunschvater" backen könnten – wie sähe der aus? Würde diese Beschreibung zu einem Gott passen, dem Sie sich gerne anvertrauen?

Zum Weiterlesen

Matthäus 23,9-12; Johannes 17,1-11

32

Das ist mir so eine Familienbande ...

Als Albrecht Dürer knapp 14 war, malte er ein Selbstporträt von sich. Vor dem Spiegel. Und nagelte es in Nürnberg in der Oberen Schmiedegasse an eine Kneipentür. Für so viel Eitelkeit wurde er von Mutter Barbara „heftig gestäupt", wie er sich später grausend erinnert. Also verdroschen. Die Zeichnung hängt heute im Albertina-Museum in Wien. Ein Bilderrahmen verdeckt die Nagellöcher.

Schon 1485 wollten Teenager wissen: Wie sehe ich aus, wie findet ihr mich? Und weil Eltern ja meist nur irritiert ausrufen „Wie siehst du denn aus?!", ist Jugendlichen das Urteil anderer Jugendlicher wichtiger als das der Eltern. Toll, wenn mich die Kumpels toll finden. Noch besser: Meine Geschwister finden mich toll! Oder finden mich zumindest „ganz in Ordnung".

Josef aus dem Buch 1. Mose – ohnehin von seinen Eltern sträflich verhätschelt – hat es mit solcher Eitelkeit dermaßen übertrieben, dass seine Brüder ihn erst beneiden, dann hassen, ihn sogar töten wollen (1. Mose 37,6-11 und 18-20) und schließlich „nur" als Sklaven nach Ägypten verkaufen. (1. Mose 37,28)

Na ja, sagen Sie, das ist alles 3500 Jahre her, kulturell weit weg und viel zu abenteuerlich, um irgendwas mit mir zu tun zu haben? Ich meine doch.

Herzlichen Glückwunsch, wenn Sie als Schwestern eine Hanni-und-Nanni-Beziehung hatten, eine Astrid-Lindgren-glückliche Kindheit wie Lotta und Madita! Herzliche Gratulation, wenn Sie als Junge auf dem Schulhof das hatten, was ich mir immer wünschte: einen „großen starken Bruder", der mich beschützt, mich raushaut oder rächt. Weil ich als Erstgeborener keinen habe, log ich mir einen herbei, wenn ich bedroht wurde. Und beneidete Zwillinge, die es wagten, ihre Klassenarbeiten zu tauschen.

Die Pubertät schweißt solche kindliche Geschwisterliebe noch mal für ein paar Jahre zusammen – die Unterdrückten solidarisieren sich –, aber spätestens die Berufs- und vor allem die Partnerwahl teilt und trennt dann meistens doch die bisher parallel verlaufenen Gleise des Lebens. Glückwunsch, wenn Sie auch in der Lebensmitte noch ein enges, vertrautes Verhältnis zu Ihren Geschwistern haben! Wenn Sie gemeinsam in Urlaub fahren können, sich beim Autokauf gegenseitig Geld leihen und beim Hausbau gegenseitig helfen! Toll. Aber die Regel ist das nicht.

Meist sind „nur" die alten Eltern der sowohl geografische als auch emotionale Fixpunkt, an dem die späteren Lebenslinien zusammenlaufen und sich kreuzen.

Runde Geburtstage, goldene Hochzeit, Betreuung und Pflege, Tod eines Elternteils. Von Wohnungsauflösung, Testamentseröffnung und den gefürchteten Sitzungen der Erbengemeinschaft ganz zu schweigen …

Als Josef nach einer dramatischen Achterbahn des Lebens – vom Palast in den Knast und wieder zurück (1. Mose 39,3 bis 1. Mose 41,42) – und nach trickreichen Macht- und Rachespielchen mit seinen verarmten Brüdern (1. Mose 42–44) endlich die Maske des Vize-Pharaos und Finanzministers von Ägypten fallen lässt und sich unter Tränen als ihr Bruder zu erkennen gibt, da lautet seine erste Frage: „Lebt mein Vater Jakob noch?" (1. Mose 45,3).

Es war nämlich – und bleibt es über alle Karrieresprünge hinweg – immer die Frage: Wie finden mich die Eltern so? Was halten sie von mir? Sind sie stolz auf mich oder bin ich das Sorgenkind? Eitelkeit, Neid und Konkurrenzkampf unter Geschwistern beziehen sich vordergründig auf das Aussehen, das Ansehen und die Ausstattung der anderen. Hintergründig geht es fast immer um die Anerkennung der Eltern.

Zum Weiterdenken

» Haben Sie leibliche Geschwister? Und wenn ja – das wievielte Kind in der Geschwisterfolge waren Sie?
» Ihre Eltern bemühten sich tapfer, alle Kinder gleich und gerecht zu behandeln. Sie selbst jedoch hatten manchmal das Gefühl …?
» Wo hört das „Gönnen-Können" auf und fängt der knallharte Neid an?

Zum Weiterlesen

2. Mose 20,17; 1. Samuel 16,6-13; 17,17-25; Matthäus 5,21-26

33

Hut ab zum Gebet, Schwiegereltern!

Wer hat in Ihrer Familie den Hut auf? Und vor allem: welchen?

Ihr Wesen und Ihre Funktionen in der Familie – mit was für einem Hut lassen die sich vergleichen? Was „steht" Ihnen?

Der schwarze Zylinder aus der formvollendet vornehmen Zeit von Fred Astaire oder Johannes Heesters? Ein pastellfarbener Sommerhut mit Seidentuch, wie ihn jede empfindsam verletzliche Gräfin in Rosamunde-Pilcher-Romanen trägt? Eine kleine grüne Plastiktüte mit Bündchen für den nervenstark entschlossenen Chirurgen am OP-Tisch? Die weiße Kochmütze des Genießers in der Küche? Ein breitkrempiger schwarzer Schlapphut mit hoher Spitze für wundersame Harry-Potter-Zaubereien? Einen mafiösen Borsalino, wie Pavarotti ihn immer nur in der Hand hielt? Eine Hamburger Prinz-Heinrich-Mütze, zupackend nüchtern, wie Helmut Schmidt sie trug?

„Bin ich alles nicht", schütteln Sie jetzt den Kopf.

Sie bestätigen damit aber, dass sich Ihr Selbstbild und Ihre Außenwahrnehmung bisweilen heftig unterscheiden können. Ihre Kinder, Ihre leiblichen Geschwister in der Familie und Ihre „geistlichen Geschwister" in der Gemeinde sehen möglicherweise noch ganz andere Kopf- (und Herz-) Bedeckungen an Ihnen: die gestärkte Krankenschwesternhaube der Kümmerin mit Helfersyndrom. Den napoleonischen Dreispitz des Machtmenschen. Die preußische Pickelhaube des perfektionistischen Kontrollfreaks. Oder sogar die goldglänzende Tiara eines Möchtegernpapstes.

Im antiken Judentum hatte der Vater „den Hut auf". Vor allem, was die Auswahl eines geeigneten Ehemanns für eine Tochter angeht. Bei der Mehrheit der Völker und Kulturen auf der Südhalbkugel unserer Erde ist das bis heute so. Solche von den Familien „arrangierten" Ehen müssen keine traumatische „Zwangsheirat" sein, sondern sind vielerorts glücklicher und stabiler als manche europäisch-romantische Ehe, die durch Rosen bei Vollmond entstand. Eine große Portion Eigennutz der Eltern ist auch dabei: Habe ich Söhne, werden die mich im Alter ernähren. Habe ich (nur) Töchter und die heiraten irgendwen – wer garantiert dann meine Rente? Der Brautpreis! (Der in afrikanischen Ländern den Wert einer Eigentumswohnung haben kann und jahrelang abgestottert wird.) Die Alterssicherung eines Tochtervaters – ist der Schwiegersohn!

„Maria war mit Josef verlobt. Aber noch bevor die beiden geheiratet und Verkehr miteinander gehabt hatten, erwartete Maria ein Kind", so fängt die Weihnachtsgeschichte in Mt 1,18 an. Eine moralische Peinlichkeit? Ja, auch. Für Marias Eltern vor allem aber ein finanzieller Betrug! Vorehelicher Geschlechtsverkehr ist nach mosaischem Gesetz weniger ein sexualethisches als vielmehr ein besitzethisches Vergehen. Es geht den Geboten vor irgendeiner Bewertung von Sex zunächst mal handfest und praktisch um die Versorgung der alten Eltern und der jungen Frau: „Wenn jemand eine Jungfrau beredet, die noch nicht verlobt ist, und schläft bei ihr, so soll er den Brautpreis für sie geben und sie zur Frau nehmen" (2. Mose 22,15).

Maria ist schwanger – ihre Beteuerung „vom Heiligen Geist" dürfte für Josef so plausibel gewesen sein wie die „vom Pollenflug!" – und Josefs Beziehung zu Marias Eltern ist im Eimer. „Es ist zum Davonlaufen", denkt der von seiner Verlobten betrogene und von ihrer Familie als Betrüger geächtete junge Mann (Matthäus 1,19b).

In jeder anderen – erst recht orientalischen – Erzählung würden jetzt die hoch alarmierten Patriarchen „ihren Hut in den Ring werfen": Maria verstoßen, Josef bedrohen, eine Entschädigung fordern, eine Ehe erzwingen. Wie Sie es heute noch in der Bild-Zeitung von türkischen Familiendramen lesen können.

Bei den biblischen Evangelisten: nichts. Kein Wort. Stattdessen erscheint ein Engel dem Josef im Traum, sagt: „Fürchte dich nicht!" und erklärt ihm den tatsächlichen Sachverhalt. Jetzt aber, sollte man annehmen: ein rauschendes Happy End, ein Grande Finale, eine tränenumflorte Versöhnungsfeier zweier Großfamilien? Auch nichts.

Karger, knapper, nüchterner geht es kaum: „Als nun Josef vom Schlaf erwachte, tat er, wie der Engel ihm befohlen hatte und nahm seine Frau zu sich" (Matthäus 1,24). Beiden Schwiegerelternpaaren setzen die Evangelienerzähler eine Tarnkappe auf. Diese völlige Abwesenheit der Schwiegereltern finde ich ratsam. Ich weiß, dass eine *conclusio ex silentio* – eine Schlussfolgerung aus dem Schweigen – unter Bibelauslegern und Juristen als äußerst schwaches Argument gilt. Zu Recht. Hier aber ist es gar kein Argument, sondern eine seelsorgliche Empfehlung: Schwiegereltern, haltet euch raus. Haltet den Mund.

Dass ihr in einem Drama gar nicht vorkommt, ist vielleicht ein Evangelium, eine „gute Nachricht." Das Einzige und wohl auch Beste, was ihr tun könnt, bellten Kommandeure auf wilhelminischen Kasernenhöfen vor über 100 Jahren so: „Helm ab zum Gebet!"

Zum Weiterdenken

» Bei der/den Hochzeit(en) unseres/unserer Kindes/Kinder hielten wir uns/hielt ich mich in folgenden Punkten zurück/ nicht zurück:
» Das Motto „Runterschalten, Klappe halten" fällt mir leicht/ fällt mir schwer in Bezug auf …

Zum Weiterlesen

5. Mose 22, 13-21; Matthäus 19,4-6

_____

_____

_____

_____

34

Oma und Opa ehren, echt ?

Bei der Vernissage einer Fotoausstellung von großformatigen Schwarzweißporträts alter Leute sagt die vornehme Kunstsammlerin mit Sektglas in der Hand: „Also, die Liste meiner Vorfahren lässt sich ja bis zu Martin Luther zurückverfolgen. Und Ihre?" Der angesprochene ältere Herr guckt verdutzt, antwortet dann aber schlagfertig: „Ach, bei meiner Familienchronik ist das schwierig. Die Unterlagen sind bei der Sintflut verloren gegangen."

Dass sie in eine lange Tradition hineingeboren wurden, merken Kinder, sobald sie ihren Großeltern bewusst zuhören können. Dass sie Gene und Prägungen in sich tragen, die uralt sind, merken Erwachsene, sobald sie ihren Ehepartnern bewusst zuhören. Ob dieses „Erbe" unveränderbare Fossilien oder formbare Masse ist – das bleibt lebenslang die Frage und Herausforderung.

„Urahne, Großmutter, Mutter und Kind / in dumpfer Stube versammelt sind" – so beginnt Gustav Schwabs berühmtes Gedicht „Das Gewitter" aus dem Jahre 1828. Schaurig schön. Aber Moment mal, wer fehlt da in der Stube? – Der Großvater.

Vor knapp 200 Jahren war das zutreffend. Im familiären Leben der „dumpfen Stube" kam der draußen schuftende Bauer oder Handwerker wenig vor. Im Leben und Erleben seiner Enkel auch kaum. Oder erst dann, wenn er krank zu Hause lag. Bis die Enkel ihre Eindrücke von ihm aufschreiben konnten, war er meist tot. Das hat sich geändert.

Obwohl viele Paare heutzutage spät Kinder bekommen, manchmal bis in ihre vierziger Jahre hinein, sind die heutigen Großeltern „jünger". Sind fitter, engagierter, flexibler, unternehmungslustiger, als es ihre eigenen Großeltern im selben Alter waren. Der moderne, dank medizinischen Fortschritts munter langlebige Opa des 21. Jahrhunderts muss nicht erst vom kauzigen Griesgram zum liebevollen Übervater gewandelt werden wie der Alm-Öhi in Johanna Spyris Roman „Heidi". Und auch nicht erst vom strengen und verbitterten Earl von Dorincourt zum mildtätigen Menschenfreund, wie im „kleinen Lord", dem TV-Weihnachtsmärchen von Frances Burnett. Nein, die Großeltern von heute sind so „in", so beliebt und werden so dringend benötigt wie vielleicht nie zuvor. Dafür sind sie im Normalfall auch herzlich dankbar und – lassen es sich was kosten. Wer als Großelternpaar z. B. vier verheiratete Kinder, also auch vier Schwiegerkinder, und von denen, sagen wir, acht Enkel hat – der bekocht, besucht und beschenkt achtzehn Geburtstage pro Jahr. Achtzehn! Einschulungs-, Weihnachts-, Konfirmations- und Abitursfeiern noch gar nicht mitgezählt. Wie viel Umsatz im Einzelhandel, wie viel Mehrwertsteuer da von den rund 20 Millionen Rentnern in Deutschland aufgebracht wird – hat das mal jemand ausgerechnet?

Dass Kinder Großeltern brauchen, ist unstrittig. Dass Großeltern ihre Enkel brauchen – als Selbstwertstabilisator, Jungbrunnen, familiäres Zugehörigkeitsgefühl – das sollten sie getrost mal zugeben. Enkel anvertraut zu bekommen „ehrt" sie nämlich und erfüllt ein berühmt-berüchtigtes Gebot: „Du sollst Vater und Mutter ehren!" (2. Mose 20,12) Der Vers ist kein erhobener Zeigefinger, mit dem gestrenge Mütter ihre Forderungen an picklige Teenager durchsetzen, auch keine Legitimation für „bibeltreue" schwarze Pädagogik, sondern ein lebenskluges Gebot für Eltern in der Lebensmitte: „Ehre Vater und Mutter", denn deine Kinder beobachten dich bereits! Und sie machen dir alles nach, sie gucken sich alles ab, verlass dich drauf. Wie also möchtest du in 25 Jahren von deinen Kindern behandelt werden? Eben. Deshalb: Ehre Vater und Mutter. Deine. Jetzt.

Es ist das erste Gebot, dem eine Verheißung angehängt ist: „… damit du lange lebest in dem Land, das dir der Herr geben wird." Was die Bibel als geografischen Ort nennt, ist ja auch ein biografischer Ort: In deinem „Land" des Alters, in der dritten und vierten Lebensphase, in der neuen Rolle einer tattrigen Oma, eines vergesslichen Opas, in diesem individuell unbekannten und nur schrittweise erfahrbaren Gelände deines Lebens sollen durchaus „Milch und Honig fließen".

Zum Weiterdenken

» Bei welchen Gelegenheiten in unserer Familie fühle ich mich gut „gebraucht" und wo fühle ich mich „missbraucht", zu selbstverständlich beansprucht?

» Wie gelingt die Balance, eine vitale Bindung zu den Enkeln zu erhalten und mich trotzdem nicht in die Entscheidungen und den Lebensstil meiner erwachsenen Kinder einzumischen?

Zum Weiterlesen

1. Mose 48,1-16; Titus 2,1-5

35

Ein Überfall aus der (eigenen) Dunkelheit

Haben Sie leibliche Geschwister?

Und wenn ja – das wievielte Kind in der Geschwisterfolge waren Sie? Ihre Eltern bemühten sich tapfer, alle Kinder gleich und gerecht zu behandeln. Sie selbst jedoch hatten manchmal das Gefühl ... na? Nun sind Sie erwachsen. Moment: Geschwister-Gerechtigkeit? Heimlicher Neid? Stille Vorwürfe, die zu alt sind, um sie auszusprechen? Offene Rechnungen mit Eltern und Geschwistern, Schwagern und Schwägerinnen? Von alledem erzählt eine dramatische Familiengeschichte in 1. Mose 27–32.:

Jakob und Esau sind Zwillingsbrüder und trotzdem grundverschieden. Esau, wenige Minuten früher geboren und ein rauer, wilder Bursche, ist Papas Liebling. Jakob, der zartere, häuslichere Typ, ist Mamas Liebling. Und als Vater Isaak im hohen Alter halbblind ist und zur Testamentsabfassung schreitet, als er dem erstgeborenen Esau das Erbe übertragen will, da stiftet Mutter Rebekka den zweitgeborenen Jakob an, die Kleidung, den Geruch und die wettergegerbte Haut seines Bruders zu imitieren. Vater Isaak betastet den Verkleideten und „segnet" den Falschen. Jakob, den Erbschleicher. Der Wiener Satiriker Karl Kraus hat mal gesagt: „Das Wort ‚Familienbande' trifft bei manchen Leuten wirklich zu."

Jakob flieht in die Fremde, wird dort auf eine Weise reich, die ihm den Beinamen „der Trickser" einbringt. Esau, der Betrogene, der Enttäuschte, bleibt zu Hause, bis die Eltern gestorben sind, und will dann Rache nehmen. Jetzt ist es so weit: „Esau ist mit 400 Mann auf dem Weg zu dir!" (1. Mose 32,7)

„Moment", sagen Sie jetzt, „ich hab niemanden betrogen, mir kein Erbe erschlichen, ich hab zu meinen Geschwistern summa summarum ein gutes Verhältnis." Richtig. Eine Frage nur: Sind Sie völlig frei von Imponiergehabe? Hatten Sie noch nie das Bedürfnis, ein bisschen aufzuschneiden, um gut dazustehen? Bei Omas Fünfundsiebzigstem sitzen ja doch wieder alle beisammen am Kaffeetisch. Und worüber plaudern Verwandte, die sich lange nicht gesehen haben? „Mein Haus, mein Boot, mein Auto" – das war mal der miese Werbeclip einer Bank. So materialistisch angeberisch sind Sie nicht, ich weiß. Aber wie ist es mit „Unser Sohn studiert dies; meine Tochter macht jetzt das; unsere Kleine kann schon jenes"? Wie ist es mit luxuriösen Urlaubsreisen und teuren Sportarten? Ganz beiläufig erwähnt, versteht sich.

Um richtig verstanden zu werden, muss man manchmal einiges vorausschicken. Das ging Jakob auch schon so. Er schickte voraus, ich zitiere, „200 Ziegen, 20 Böcke, 200 Schafe, 20 Widder, 40 Kühe, 10 junge Stiere, 20 Eselstuten, 10 Eselhengste und 30 säugende Kamele mit Fohlen" (1. Mose 32,15-16). Dreißig säugende Kamele mit Fohlen?! Unter den Besitzverhältnissen antiker Wüstennomaden im alten Orient entspricht das zwölf Rolls Royce hintereinander! Ein einziges Mal in meinem Leben hab' ich das gesehen. In Hongkong-Kowloon, zwischen Clocktower und Regent Hotel.

Jakob würde gerne seine große Lebenslüge mit materieller Großzügigkeit, mit glänzenden Geschenken beenden. Funktioniert aber nicht. Warum nicht? Weil die Vergangenheit ja nicht wirklich ver-geht. Sie steht da im Hintergrund und steht und steht und besteht darauf, dass jedes Ver-gehen entweder gerächt oder wiedergutgemacht oder vergeben wird.

Jakob in der Lebensmitte wird es himmelangst. Er hat Grund zur Befürchtung, dass das erfolgreich verdrängte Familiengeheimnis plötzlich wieder auf- und hervortritt und endlich geklärt, endlich „gelüftet" werden muss. Jakob hat Angst vor etwas, das nennen Psychotherapeuten so: „Mein Zwilling will mir das Leben nehmen." „Zwilling" oder „Schatten" sind hierbei nicht als zwei physische Personen gedacht, wie es unser Text erzählt, sondern als die abgespaltene, die verdrängte, die unterdrückte Seite meines Ichs. Dieser Zwilling, dieser Schatten – also die negative, die zerstörerische, die dunkle und manchmal eruptiv hervorbrechende Seite meines Charakters –, dieses Alter Ego, das andere Ich, könnte eines Tages meine Lebensgrundlagen beschädigen oder vernichten. Und deshalb, 1. Mose 32,23, „stand Jakob mitten in der Nacht auf und brachte seine beiden Frauen mit ihren Mägden und die elf Kinder an einer seichten Stelle des Flusses Jabbok auf die andere Seite". Wenn er schon seine finanziellen Schäfchen nicht ins Trockene bringen konnte, dann wenigstens die liebsten Angehörigen.

„Da sprang ihn plötzlich ein Mann an", 1. Mose 32,25. Große Preisfrage: Wer könnte das sein? In manchen Bibeln ist diese Szene überschrieben mit „Jakobs Kampf mit Gott". Auf manchen Altargemälden und Bibelillustrationen kämpft Jakob mit einem Engel der Finsternis, einem Dämon. Darf ich eine dritte Deutungsmöglichkeit vorschlagen? Jakob ringt mit dem Schattenzwilling seiner selbst. Die tatsächlichen oder vermeintlichen Ungerechtigkeiten, die tatsächlich verweigerte oder nur subjektiv vermisste Anerkennung der Eltern, der unplanmäßige Lebensverlauf, die Lügen, die Drohungen, kurz: Schuld und Schicksal der ersten Lebenshälfte materialisieren sich zu einem aggressiven Angreifer, der Jakob am tiefsten Punkt seines bisherigen Lebens anspringt. Anonym, unidentifizierbar, namenlos, weil man seine eigenen Anteile so schwer erkennt.

Folgen wir dieser Interpretation, dann enthält der weitere Verlauf des nächtlichen Überfalls immerhin drei interessante gute Nachrichten:

1. Schuld und Geschichte, Lebenslügen und Sünden können Jakob selbst in einer Depression nicht niederzwingen. Nicht Geschick und Überlebenswille entscheiden letzten Endes den Kampf, sondern das Licht. Die Quelle des Lebens. Als Licht und Wärme aufgehen, muss der Angreifer aufgeben. Eine für Jakob unverfügbare Kraft rettet ihm – unverdient, „gnädig" – das Leben.

2. Aus der Konfrontation mit verdrängten und verleugneten

dunklen Seiten, aus den Spätfolgen einer Familiengeschichte, geht niemand unbeschadet hervor. Mit ausgerenkter Hüfte, mit schmerzendem Ischias hat Jakob ab jetzt etwas „Schlagseite", er ist vom Kampf gezeichnet. Er ist von den Tiefschlägen des Lebens gezeichnet, aber das ganz ausgezeichnet.

3. „Ich lasse dich nicht gehen, bis du mich gesegnet hast", sagt Jakob zu seinem Angreifer. Sagt er das zu Gott? Ich weiß es nicht. Gott hatte Jakob schon gesegnet, als er ihm im Traumgesicht der Himmelsleiter das Land versprochen hatte, 1. Mose 28. Ich schlage deshalb als eine von verschiedenen Auslegungsvarianten vor: Jakob setzt sich mit allem, was ihm Angst macht und womit er zu kämpfen hat, so lange auseinander, bis er den Segen darin erkennt. Bis er das Gute daran entdeckt. Bis er weiß, wozu es gut gewesen sein könnte. Jakob weiß jetzt: Kampf war besser als Flucht. Eine verrenkte Hüfte ist besser als eine verbogene Seele.

Zum Weiterdenken

» Gibt es in Ihrer Familie dunkle Geheimnisse – Vorkommnisse, über die man nicht spricht? Oder gibt es Familien-Lebenslügen?

» Was müsste geschehen, damit Verborgenes ans Licht kommen kann, bevor es unter der Decke – oder im Keller, wo die Leichen liegen – anfängt zu modern und zu stinken?

» Wem aus Ihrer Familie müssten Sie entgegengehen?

Zum Weiterlesen

1. Mose 33,1–10 (das Ende der Geschichte. Wenn möglich, lesen Sie diese Verse nicht, sondern hören Sie sie mit geschlossenen Augen, um den Genuss zu erhöhen.)

Woche 6

Wenn Brüder und Schwestern einträchtig beieinander sind ...

Eine heile Beziehung zu meiner Gemeinde

von Harald Orth

In der alten amerikanischen TV-Serie „Eine schrecklich nette Familie" werden vier Hauptakteure gezeigt, die verrückter und durchgeknallter kaum sein könnten: Al Bundy, ein erfolgloser Schuhverkäufer, der seine Zeit am liebsten auf dem Klo verbringt, und dessen Frau Peggy, die einfach nur stinkfaul ist. Beide haben eine Tochter mit Namen Kelly, die mit ihren weiblichen Reizen spielt, weil sie sonst keine hat. Und einen Sohn namens Bud, dessen sexuelle Fantasien wirklich nicht mehr lustig sind.

Trotz dieser ungünstigen familiären Voraussetzungen gibt es manche geistreichen und nachdenklichen Szenen in der Serie, z. B. als Peggy zu ihrem Mann sagt: „Du würdest einem Schimpansen eine Pistole geben, aber wenn er damit jemand erschießt, dann ist nicht er der Idiot."

Mit diesem Satz beginnt Peggy eine Diskussion über ein Thema, an dem schon weitaus klügere Menschen gescheitert sind: die sogenannte Schuldfrage. Spontan würde ich sagen: Klar, man kann dem Schimpansen nicht die Verantwortung für etwas geben, was er intellektuell nicht nachvollziehen kann. Also trägt Al zu hundert Prozent die Schuld für den Tod. Dann aber schleicht sich der Gedanke ein, dass Schimpansen intelligente Tiere sind und in anderen Bereichen ein sehr hohes Lernverhalten an den Tag legen. Demnach trägt er vielleicht doch eine gewisse Mitschuld. Vielleicht ist der Mord ja auch unabsichtlich geschehen, beim Spielen und Toben. Dann haben wir den Zufall mit im Boot – oder die Vorhersehung?

Je tiefer wir in die Diskussion einsteigen, desto mühseliger wird sie. Genau diese Erfahrung machen nahezu alle Menschen, die einen Konflikt lösen wollen, indem sie an der Schuldfrage arbeiten. Es bringt nichts! Selbst wenn die Schuld einwandfrei nachgewiesen wird, hinterlässt diese Feststellung niemals Versöhnung und Reue, sondern Scham und Verbitterung. Auch in unseren Gemeinden ist das so, obwohl wir fromme Menschen sind. Deshalb sollten wir hier nicht unnötig Zeit und Kraft vergeuden, sondern andere Lösungswege suchen und einschlagen. Dazu dient die neue, vor uns liegende Woche mit sieben Impulsen. Viel Spaß beim Lesen und Diskutieren!

36

Wo ist mein Platz?

Stellen Sie sich vor, der unten abgebildete Fisch-Schwarm wäre Ihre Gemeinde. Schauen Sie sich dazu die einzelnen Fische genau an und versuchen Sie, sich in das Bild hineinzudenken: Größe des Fischs, Position gegenüber dem ganzen Schwarm, Abstand zu anderen, Schwimmrichtung und Farbe.

» Welchem der Fische gleichen Sie am meisten? (Wenn Sie Ihrer Meinung nach nicht im Bild vorkommen, zeichnen Sie Ihre Position nachträglich ein.)
» Wie würden Sie das begründen?
» Fühlen Sie sich wohl auf Ihrem Platz? Wenn nein, warum nicht? Wo wären Sie lieber?

Firmen und Unternehmen haben schon seit Jahrzehnten gemerkt, dass die Position eines Mitarbeiters sehr starke Auswirkungen auf seine Beziehung zum gesamten Unternehmen haben kann. Ein Student zum Beispiel, der sich in den Semesterferien sein Taschengeld aufbessern will, wird mit einer anderen Einstellung an die Arbeit gehen, als ein Prokurist, der die Verantwortung der ganzen Firma trägt. Ebenso wird ein Mitarbeiter der Putzkolonne andere Einstellungen zu Fragen der Arbeits- und Urlaubszeit haben als ein Abteilungsleiter. Ist ja nachvollziehbar.

Eine ganz ähnliche Beobachtung lässt sich in vielen Ortsgemeinden machen – ganz gleich, zu welchem theologischen Lager sie gehören. Ob ein Mensch voll und ganz hinter seiner Gemeinde steht und konstruktiv seine Gaben einbringt oder ob er sich im Gegenteil sehr kritisch und destruktiv verhält, hängt nicht selten mit seiner Position zusammen. Ein biblisches Beispiel:

In Lukas 21 finden wir eine Begebenheit, die von vielen Auslegern gerne zitiert wird, um über die zutiefst egoistischen und ungeistlichen Motive der Jünger herzuziehen: Nach dem sehr innigen und tief gehenden gemeinsamen ersten „Abendmahl" mit Jesus haben die Apostel offensichtlich nichts Besseres zu tun, als darüber zu streiten, wer von ihnen der Chef im Team ist. Wörtlich: „Unter den Jüngern kam es auch zu einem Streit über die Frage, wer von ihnen als der Größte zu gelten habe" (Lukas 22,24). Wie gesagt: Die meisten von uns schütteln an dieser Stelle leicht schmunzelnd den Kopf und fühlen sich in ihre Kinderzeit zurückversetzt – als wir einander als Rivalen gegenüberstanden und um Rangplätze kämpften. Aber heute, als Erwachsene ...?

Wenn man sich von dieser oberflächlichen Betrachtung etwas distanziert und versucht, sich in die Lage der Apostel hineinzuversetzen, kann man den Text allerdings auch etwas anders verstehen, nämlich als eine Suche nach der eigenen Position.

Wo, Herr, ist mein Platz in deinem Team? Was ist meine Aufgabe? Wofür hast du mich berufen? (Und ganz nebenbei: Wenn der Chefposten noch frei ist, ich wüsste da jemanden ...)

Die Suche nach einer Platzanweisung geschieht in nahezu jedem Team – egal ob geistlich oder profan – weil wir Menschen das als Orientierung brauchen. Wie in einer Fußballmannschaft, bei der jeder Spieler seine Position und die damit verbundenen Aufgaben kennen muss, um möglichst effektiv zu spielen, ist

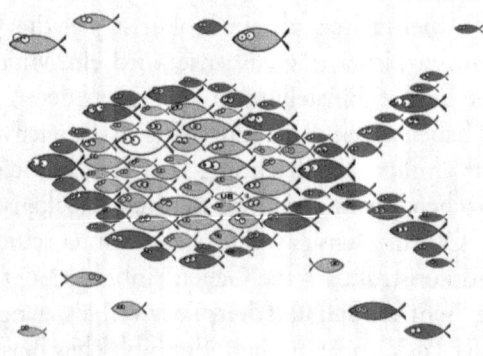

die Platzanweisung in nahezu allen Teams unabdingbar. Und logisch: In einer Gruppe von Alpha-Tieren geht es dabei dann hauptsächlich um den Chefsessel! Aber auch anders Begabte, die nicht gerne leiten und lieber im Hintergrund arbeiten, brauchen für ihre Mitarbeit eine Zuweisung. Wo ist mein Platz? Warum bin ich dort, und was ist meine Aufgabe?

Ein langjähriger Mitarbeiter einer Gemeinde erzählte mir nebenbei, dass er schon seit über fünfundzwanzig Jahren im Kindergottesdienst mitarbeitet. Auf meine Rückfrage, warum er das schon so lange mache, antwortete er: „Ach, weißt du, den Job habe ich von meinem Vater geerbt. Das gehört wohl zur Familie." Ich fragte mich (nicht laut): Ist das eine gute Platzanweisung? Fühlt der Mann sich wohl in seiner Position?

Gibt es eine Schwarmintelligenz in unseren Gemeinden? – Das Geheimnis von Fischschwärmen besteht darin, dass ihre dichte und gleichmäßige Bewegung potenzielle Angreifer verwirrt. Für Raubfische ist es einfacher, einen einzelnen kleinen Artgenossen zu jagen und zu fangen, als einen ganzen Schwarm. Durch die große Anzahl der Fische und ihre meist sehr synchronen Bewegungen fehlt dem Jäger die Orientierung. Die Tatsache, dass jeder Fisch seinen Platz und seine Aufgaben kennt, verhilft dem ganzen Schwarm zum Überleben.

„Wenn ein Teil des Körpers leidet, leiden alle anderen mit, und wenn ein Teil geehrt wird, ist das auch für alle anderen ein Anlass zur Freude", schreibt Paulus in 1. Korinther 12,26. Das Wohlergehen des Einzelnen hat Konsequenzen für die ganze Gemeinde.

Anders gesagt: Solange ich nicht weiß, wo mein Platz in der Gemeinde ist, wird die ganze Gemeinde dadurch geschwächt. Solange ich mich bewusst auf Abstand halte und den frommen Schwarm lieber aus der Ferne beobachte, reiße ich Lücken ins Team, die schmerzhafte Folgen für alle haben können.

Zum Weiterdenken

» Fallen Ihnen Beispiele ein, in denen das Verhalten eines Einzelnen Konsequenzen auf eine ganze Gruppe – z. B. eine Gemeinde – hat?
» Haben Sie Ihren Platz in Ihrer Gemeinde gefunden? Wenn nein, warum nicht?
» Fühlen Sie sich wohl und richtig an dieser Stelle, oder sehnen Sie sich nach einer neuen Platzanweisung?

Zum Weiterlesen

2. Mose 18,13-27; Epheser 4,7-15;

_____

_____

_____

_____

37

Liebevoll schubsen – wie geht das?

Wir befinden uns auf der Herrentoilette im Amsterdamer Flughafen Schiphol. Ein unangenehmer und vor allem übel riechender Ort, den zu besuchen sich die meisten Männer gut überlegen. Der Gestank ist einfach unerträglich. Woran liegt das? An der – nicht nur für Frauen – schwer nachvollziehbaren Tatsache, dass viele Kerle am Urinal kreuz und quer danebenpinkeln. Obwohl die Öffnung eigentlich groß genug ist, scheint es dennoch sehr schwierig zu sein, sie zu treffen. Oder gibt es noch andere Gründe für die Schweinerei?

Folgendes Experiment sollte dieser Frage auf den Grund gehen: Die vorhandenen Urinale wurden mit einem kleinen Zusatz versehen. Genau dort, wo das „Abwasser" hingehört, wurde eine kleine schwarze Fliege aufs Porzellan gemalt. Und siehe da: Das Wildpinkeln ging um 80 % zurück und der Gestank war wie weggeblasen. Offensichtlich schätzen es Männer, ihren Strahl auf ein Ziel richten zu können. Eine schnelle und kostengünstige Lösung. Seitdem erobert die Toilettenfliege auch deutsche Flughäfen und Raststätten und sorgt für angenehmere Atmosphäre auf dem stillen Örtchen.

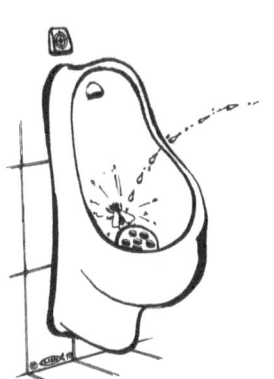

Richard Thaler, ein schwedischer Wissenschaftler, bezeichnet die Vorgehensweise des Experiments mit dem kurzen Begriff „Nudge", was so viel bedeutet wie: sanft schubsen oder heimlich anstoßen. Manche Verhaltensmuster, so Thaler, sind so fest und eingefahren, dass man sie weder durch Hinweise und Verbote noch durch Strafandrohungen langfristig ändern kann. In seinem neuen Buch führt er zahlreiche Beispiele dafür an. „Nudge" (sanfte Manipulation) aber bringt die Menschen dazu, freiwillig das persönlich und gesellschaftlich Gute zu tun. Meckern und schimpfen bezweckt also ebenso wenig wie drohen und bestrafen. Der Mensch will liebevoll geschubst werden.[18]

Die Atmosphäre ist zum Zerreißen gespannt. Mit hochroten Köpfen stehen sie vor der Frau und warten auf das entscheidende Signal zur Vollstreckung. Das Urteil über sie und ihre Tat ist längst gesprochen. Einstimmig: Sie hat den Tod verdient. Wer nicht hören will, muss fühlen. So einfach ist das. Und hoffentlich zieht das Urteil weite Kreise, damit die anderen daraus lernen. Es gibt nun mal Recht und Ordnung in unserer Stadt. Hier kann nicht jeder machen, was er will.

In Johannes 8,1-11 können wir diese dramatische Geschichte nachlesen. Von der Frau, die bloßgestellt und angeklagt vor einer Horde von Männern steht, die Meister im Urteilen und Verurteilen sind. Auf Sünde folgt Strafe, auf schwere Sünde der Tod. So wird es von den Kanzeln gepredigt und im wahren Leben vollzogen. Und so bleibt die Hütte sauber. Basta.

Von liebevollem Schubsen haben sie nie etwas gehört. Die Erkenntnis, dass Druck und Härte nur Angst bewirkt, aber keine wirkliche Veränderung, ist ihnen noch nicht gekommen. Es ist auch viel zu kompliziert, so zu denken. Die Herde muss geleitet werden, und das geht mit harter Hand am besten.

Und um diesem Jesus, von dem zurzeit alle reden, auch mal eins auszuwischen, konfrontieren sie ihn mit der Situation – frontal und ohne Voranmeldung. Wozu auch? „Na, Meister, was sagst du denn hierzu?", fragen sie ihn und lachen heimlich in sich hinein. Er kann ja gar nicht anders als zuzustimmen. Schließlich haben sie das Gesetz auf ihrer Seite. Die Spannung steigt, denn Jesus lässt sich Zeit mit seiner Antwort. Dann schaut er sie an und sagt den liebevollen Schubser par excellence. Den Satz, der das Denken und Verhalten aller Beteiligten sofort verändert:

„Wer unter euch ohne Sünde ist, der werfe den ersten Stein." Sie schauen sich gegenseitig an, halten einen kurzen Moment inne und gehen davon – einer nach dem anderen. Kein einziger Stein fliegt. Kein Wort der Verurteilung ist mehr zu hören. Alle tun jetzt das, was für sie selbst und die Gesellschaft am besten ist. Bewirkt durch den liebevollen Schubser Jesu.

Was könnte heute ein liebevoller Schubser sein?

Eine einmalige, fast schon unglaubliche Geschichte. Das kann eben nur Jesus, mögen viele jetzt denken. Darin liegt seine Größe und Einzigartigkeit. Er ist eben der Sohn des Allerhöchsten.

Richtig! Dennoch stehen solche Begebenheiten nicht in der Bibel, um uns zu zeigen, wie weit entfernt wir vom Original sind, sondern als Vorbild. Nach dem Motto: Macht es mir nach. Jesus ist nicht deshalb Mensch geworden, damit uns bewusst wird, wie schlecht und verdorben wir sind. Er befreit uns aus dieser Lage und zeigt uns dann, mit liebevollen Schubsern, wie wir anders handeln können, als es unserer bisherigen DNA entspricht. Also ist die Frage erlaubt: Wo sind die liebevollen Schubser heute?

Wie die beiden Geschichten beweisen, hat sich das Verhalten der Spezies Mensch von damals bis heute nicht viel verändert. Wir ticken, was unsere Einsicht betrifft, nicht anders als die Leute aus der Antike. Aber auch beim Schimpfen, Meckern und Verurteilen stehen wir im postmodernen, pluralistischen 21. Jahrhundert den Zeitgenossen Jesu in nichts nach. Ergo sind wir nach wie vor herausgefordert, das liebevolle Schubsen neu zu entdecken und zu staunen darüber, welche Berge wir damit versetzen können – gerade in unseren Gemeinden.

Zum Weiterdenken

» Haben Sie den Unterschied zwischen befehlen und liebevoll schubsen schon einmal selbst erfahren? Wie war das?
» Wie erleben Sie Ihre Gemeinde? Als einen Ort, an dem gemeckert und verurteilt oder „liebevoll geschubst" wird?

» Wie verhältst du dich, wenn dir jemand in die Quere kommt? Wirfst du eher mit Steinen oder versuchst du, liebevoll zu korrigieren?

Zum Weiterlesen

Jona 4; Römer 2,1-10; Johannes 13,1-17

_____

_____

_____

_____

38

Ein Perspektivwechsel? Bitteschön!

Ich hätte nie gedacht, dass mir so etwas passieren würde. Jedem anderen Halunken, Tagedieb oder Geldautomatenknacker, aber doch nicht mir bravem deutschem Steuerzahler. Ok, auch ich fahre ab und zu etwas schneller, als manches Tempolimit es erlaubt, aber bislang noch immer im „christlichen Überziehungsrahmen". Ich wähnte mich in Sicherheit bis zu dem Tag, besser gesagt der Nacht, in der wir alle hundemüde waren, auf der Heimreise aus dem Urlaub und uns nichts sehnlicher herbeiwünschten als unsere Betten. Diese Ausnahmesituation (ich versuche gerade, mich zu rechtfertigen) ließ mich dann doch etwas schneller fahren, als das Baustellenschild es vorgab und plötzlich wurde es taghell – für einen sehr kurzen Moment.

„Schatz, was war das denn?", fragte meine Frau. „Wahrscheinlich ein Blitzer." „Ehrlich? Na ja, wird schon nicht so schlimm werden!", sagte sie und döste weiter. Mir dagegen schwante Böses.

Um es abzukürzen: Vor drei Wochen musste ich meinen Führerschein für einen Monat abgeben. Einen Monat lang sollte ich nun fühlen und lernen, welche Folgen es hat, wenn man zu schnell fährt. Als ob ich das nicht schon vorher gewusst hätte.

Die ersten Tage dieser erzwungenen Passivität waren schrecklich. Ich durfte nicht mehr ans Steuer. Da, wo ich immer so gerne saß, sitzt jetzt meine Frau oder eins meiner Kinder. Ich, der passionierte Autofahrer, muss jetzt fahren lassen. Welch eine Demütigung. Dann aber, seit der zweiten Woche, merkte ich, dass Beifahrersein nicht nur Nachteile hat. Im Gegenteil: Ich hatte plötzlich Zeit, mir Dinge etwas länger anzuschauen, die bis dahin nur an mir vorbeigerast waren. Ich bemerkte Kleinigkeiten, die ich am Steuer gar nicht wahrgenommen hatte. Ich konnte einen Radiosender während der Fahrt suchen, ausführlich telefonieren, sogar Kaffee ausschenken und genüsslich trinken. Was für Vorteile dieser unfreiwillige Perspektivwechsel doch mit sich brachte. So also ist das auf dem Beifahrersitz. Ein ganz neues Gefühl.

Einen weitaus dramatischeren und folgenreicheren Perspektivwechsel finden wir in dem alttestamentlichen Buch Daniel. Dort wird von Nebukadnezar berichtet, dem großen und (fast) allmächtigen König von Babylonien. Er war der unangefochtene Herrscher über die damalige Welt im Zweitstromland. Vor ihm mussten sich alle beugen. Sein Urteil war Gesetz, ob es gerecht war oder nicht. Mit anderen Worten: Er saß immer oben, auf dem höchsten und mächtigsten Platz, den es gab. Das war seine majestätische Perspektive.

Aus zahlreichen Biografien anderer Kaiser und Könige wissen wir, dass solche Machthaber nur schwer aus ihrer Rolle schlüpfen können und wollen. Wer verlässt schon gerne freiwillig den Thron? Das war bei Nebukadnezar nicht anders. Deshalb wurde er von Gott zu einem Weg gezwungen, der ihm eine Perspektive bot, die vor und nach ihm keiner mehr hatte: Er wurde wahnsinnig, so berichtet die Bibel (Daniel 4), und verhielt sich wie ein Rind. Gott nahm ihm, dem großen Imperator, den Verstand, sodass man nichts anderes mehr mit ihm anzufangen wusste, als ihn zu den Herdentieren zu sperren. Nun sah er die Welt mit ganz anderen Augen; nahm die Wirklichkeit nicht mehr als das stärkste, sondern als das schwächste Glied der Kette wahr. Er, der bislang über alle anderen bestimmt hatte, musste es nun ertragen, dass Sklaven über ihn bestimmten. So also ist das auf dem Beifahrersitz.

Ich glaube kaum, dass Gott uns heute noch zu solch dramatischen Schritten zwingt wie damals Nebukadnezar. Christus hat für unsere Schuld bezahlt, also müssen wir dafür nicht mehr büßen. Was wir aber durchaus von dieser Begebenheit lernen können, ist die Tatsache, dass ein Perspektivwechsel manchmal mehr bewirkt als tausend Worte und Erklärungen. Wie viel Streit und

Ärger innerhalb einer Gemeinde entsteht, weil jeder meint, recht zu haben und auf seinem Standpunkt verharrt? Wie oft verletzen wir uns gegenseitig, weil wir nur unsere eigene Perspektive kennen und die des anderen gar nicht kennen wollen?

Das bekannte Jesus-Wort „Werdet wie die Kinder" ist eine große und deutliche Aufforderung unseren Platz zu verlassen, um den einzunehmen, den wir freiwillig nicht wählen würden. Versuche zuerst mit den Augen des anderen zu sehen, in seine Rolle zu schlüpfen, dann klärt und erübrigt sich vieles von alleine.

Die Welt einmal durch die Brille des anderen sehen – Jung und Alt, Mann und Frau, Musiker und Kassierer, Kopfmenschen und Bauchmenschen, Älteste und Mitarbeiter im Putzdienst – alle würden davon profitieren. Wir würden uns und unsere unterschiedlichen Ansichten ohne viele Worte plötzlich besser verstehen.

Nebukadnezar kam durch seinen neuen Blick zu einer großen und umfassenden Gotteserkenntnis. Er erkannte Gott nicht nur, sondern bekannte sich auch zu ihm als dem einen, wahrhaften Herrscher. Neutestamentlich gesprochen machte er durch seinen neuen Blick einen großen geistlichen Wachstumsschritt. Demnach lohnt es sich also, in diese Arbeit zu investieren.

Fragen und Anregungen

» Wer aus Ihrer näheren Umgebung hat einen Perspektivwechsel dringend nötig? Warum?
» Wo leidet Ihre Gemeinde darunter, dass die Beteiligten nicht von ihrem Standpunkt weichen wollen?
» An welcher Stelle würde es Ihnen guttun, in die Rolle eines anderen zu schlüpfen?

Zum Weiterlesen

Daniel 4, 31-34; Markus 10,13-16; Matthäus 7,12

_____

_____

_____

_____

39

Welchen Sinn macht eine halbe Brücke?

Sur le pont d' Avignon ... – fast alle französischen Kinder kennen diese Lied; es werden Exkursionen durchgeführt, um sie leibhaftig zu sehen; in zahlreichen Büchern und Artikeln ist sie abgebildet, weil sie zum Wahrzeichen der Stadt geworden ist: die halbe Brücke von Avignon. Seit weit über hundert Jahren steht sie schon unter Denkmalschutz und gehört, mit dem ganzen historischen Stadtkern von Avignon, zum UNESCO-Weltkulturerbe. Nicht, dass sie schon immer so halbherzig rumgestanden hätte. Am Anfang war sie komplett und wurde in all den Jahren auch sehr häufig repariert, sodass sie wieder benutzbar war. Aber immer nur so lange, bis der darunter fließende Fluss, die Rhone, wieder einmal Hochwasser trug und einen Teil der Brücke mit sich riss. Das geschah zu oft, sodass die Anwohner und Behörden irgendwann mit ihrer Geduld am Ende waren und die halbe Brücke eben nicht mehr reparierten.

So kann man sie jetzt nur noch anschauen und bestaunen, aber leider nicht mehr benutzen. Denn die eigentliche Aufgabe

einer Brücke, zwei Ufer miteinander zu verbinden, kann die halbe Brücke von Avignon nicht mehr erfüllen. Schade!

Neulich unterhielt ich mich mit einem alten Mann, der zwar auf dem Papier noch zu einer Ortsgemeinde gehört, aber schon lange keinen Kontakt mehr zu ihr hat. Er besucht keine Veranstaltungen mehr und keine Kleingruppe. Er arbeitet nirgendwo mehr mit und meidet auch privat so gut es geht jede Begegnung mit anderen Mitgliedern der Gemeinde. Ich habe ihn gefragt, wieso er sich so verhält, und ob ihm da nicht etwas fehlt. „Doch", sagte er, „natürlich fehlt mir die Gemeinschaft und das Gotteswort, aber ..." – er stockte. „Ja?" „Da sind so viele alte Sachen ... ich kann und will jetzt nicht mehr in die Gemeinde kommen."

Und dann unterhielten wir uns eine ganze Weile über diese „alten Sachen", wie er sie nannte. Verletzungen, die nicht ausgeräumt wurden. Böse Unterstellungen und Anklagen, die niemand aufgearbeitet hatte. Geschichten, die nach „Stille-Post-Manier" im Laufe der Jahre viel größer und schlimmer wurden, als sie anfangs waren und die jetzt nur mit sehr viel Aufwand zu beheben sind. Mit anderen Worten: Da standen und stehen ganz viele halbe Brücken zwischen diesem Mann und seiner (ehemaligen) Gemeinde, die darauf hinweisen, dass es einmal regen Kontakt und Austausch gab, der aber heute längst abgebrochen und gestorben ist.

In Johannes 21,15-17 finden wir ein herrliches Beispiel dafür, wie Jesus eine halbe Brücke wieder repariert – die seines Jüngers Petrus. Die letzten Worte, die Petrus von seinem Meister gehört hatte, waren eine schlimme Vorhersage. „Ehe der Hahn kräht, wirst du mich dreimal verleugnen", hatte Jesus ihm prophezeit. Er, der Fels, hatte das natürlich sofort und mit aller Deutlichkeit zurückgewiesen. Dann aber war es genauso gekommen, wie Jesus es gesagt hatte. Aus Angst vor den Menschen hatte Petrus seinen Herrn und Heiland verleugnet – dreimal in aller Öffentlichkeit. Diese Nacht gehörte zu seinen schmerzhaftesten Erfahrungen überhaupt. Das war kein kleiner Ausrutscher, sondern schlimmstes Versagen. Die Brücke zwischen ihm und Jesus war seitdem zerbrochen. Er selbst hatte sie in seiner Überheblichkeit kaputt gemacht und war nicht in der Lage, sie wieder zu reparieren. Wie sollte es jetzt weitergehen?

Dann kam sie, die unausweichliche nächste Begegnung mit Jesus, vor der Petrus sich seitdem drückte. Was sollte er ihm sagen, wie sollte er sich rechtfertigen? Was konnte er zur Wiedergutmachung beitragen? Nichts! Aber sie war anders, diese Begegnung, ganz anders, als er es befürchtet hatte. Keine Verurteilung von Jesus, keine Anklage, kein erhobener Zeigefinger, noch nicht einmal ein Kopfschütteln. Mit absolut liebevoller und majestätischer Art sprach er ihn an, erinnerte indirekt aber deutlich an die halbe Brücke und stellte sie wieder her. Ein wahres Meisterstück.

Zum Weiterdenken

» Existieren in Ihrer Gemeinde (oder in Ihren sonstigen Beziehungen) „Halbe Brücken" – abgebrochene Beziehungen? Schreiben Sie sie auf.
» Was hat dazu beigetragen, dass sie nicht wiederhergestellt werden? Warum packt es keiner an?
» Gibt es eine halbe Brücke in Ihrem Umfeld, die darauf wartet, dass Sie sie reparieren? Wann fangen Sie damit an?

Zum Weiterlesen

1. Samuel 26; Matthäus 19,16-26; 1. Petrus 2,1-5

40

Die Schublade (Teil 1)

Physiognomik heißt die neue Kunst der Seelenschau. Durch die Erscheinung eines Menschen, vor allem durch seine Gesichtszüge, soll auf die Beschaffenheit seiner Seele geschlossen werden. Das Äußere verrate so viel über den Menschen, dass man mit ein bisschen Kenntnis und Erfahrung daraus seine markanten Wesenszüge herauslesen könne.

Eine lange Nase mit einem spitzen Kinn zum Beispiel verrate einen völlig anderen Charakter als ein kleines, rundliches Gesicht. Markante Wangenknochen und eine hohe Stirn stünden für ganz spezielle Wesenszüge, so wie andererseits volle Lippen und große Augen.

Ein erster Anblick also genügt und schon sind wir durchschaut. Alles steht auf unserer Stirn geschrieben. Ist das alles blanker Unsinn, oder ist da doch etwas dran?

Nun, wie bei nahezu allen Neuerungen hätte auch diese, wenn sie denn stimmt, mindestens zwei Seiten: Zum einen könnten tatsächlich böse und aggressive Menschen schneller erkannt und dingfest gemacht und dadurch vielleicht manche schlimme Tat verhindert werden. Zum anderen aber gäbe es wenig Möglichkeiten zur persönlichen Verbesserung. Denn an unserer Physiognomie können wir nichts verändern – oder nur durch chirurgische Eingriffe. Aber ob die dann auch die gewünschte Persönlichkeitsänderung mit sich bringen? Wir würden zeitlebens in ein und dieselbe Schublade gesteckt. Ein schrecklicher Gedanke.

Aber so weit sind wir noch nicht. Bislang sind die Erfolge der Physiognomik sehr bescheiden. Alexander Todorov von der Universität Princeton fasst zusammen, dass wir viel eher dazu geneigt sind, vorgefasste Meinungen in Gesichter hineinzulegen, als umgekehrt. Nur weil wir meinen, dass zu mutigen und starken Typen breite Schultern und ein kantiges Gesicht besser passen, entspricht das noch lange nicht der Wahrheit.[19]

Obwohl die „Wissenschaft" der Physiognomik noch relativ jung ist, ist das sich dahinter verbergende Schubladendenken so alt wie die Menschheit. Dem Wunsch, mein Gegenüber einer bestimmten Kategorie oder Spezies zuzuordnen und daraus Konsequenzen für den Umgang zu ziehen, gingen selbst gottesfürchtige Menschen schon auf den Leim. Zwei markante Beispiele:

Erstens: Dem Familienvater Isai wurde angesagt, dass Gott einen seiner Söhne zum künftigen König berufen habe. Um herauszufinden, welcher von den sieben es sei, solle er sie alle dem Propheten Samuel vorstellen. Der Gedanke, dass sein Jüngster dafür auch infrage kommen könnte, war für den Patriarchen so fern, dass er ihn zu diesem Meeting gar nicht erst rufen ließ (1. Samuel 16). Schublade auf: Der kleinste und jüngste einer Familie kann niemals Leitungsaufgaben übernehmen. Das war schon immer so und wird auch so bleiben. Schublade zu.

Zweitens: Als die Kunde von Jesus den Landstreifen am Mittelmeer durchzog, ging das noch von Mund zu Mund. Ein anderes Medium gab es damals nicht. Einer erzählte seinem Nächsten, was er mit diesem Messias erlebt hatte und lud ihn zu einer persönlichen Begegnung ein.

Im Johannesevangelium können wir lesen, dass Philippus genau mit dieser Methode seinen Freund Nathanael auf Jesus aufmerksam machte. Dessen Antwort kam wie aus der Pistole: „Was kann aus Nazareth Gutes kommen?" Schublade auf: Aus diesem Drecksloch sind bislang nur Diebe und Verbrecher hervorgegangen. Wieso sollte das jetzt plötzlich anders sein? Schublade zu (Joh 1,45-46).

Das Denken und Urteilen in gewissen vorgefassten Prinzipien ist erst einmal gar nicht böse gemeint, sondern beruht oft auf Erfahrungen. Insofern will ich die genannten Beispiele auch nicht sofort verurteilen. Die Gefahr allerdings ist das daraus resultierende immer gleiche niederschmetternde Ergebnis: Die Chance, dass ein Mensch auch ganz anders sein oder werden kann, als es meiner Erfahrung oder dem Volksmund entspricht, ist gleich null. Und das wiederum verhindert sehr viele gute Entwicklungen und Möglichkeiten. Deshalb ist es oft so verhängnisvoll, wenn solche Schubladen nicht erkannt und immer wieder entrümpelt werden.

Zum Weiterdenken

» Welche Schubladen beobachten Sie in Ihrem Beziehungsnetzwerk?
» Sind Sie selbst schon mal in eine Schublade gesteckt worden, in die Sie gar nicht wollten? Wie fühlt sich das an?
» Arbeiten Sie auch gerne mit Schubladen? Wenn ja, warum? Wen sollten Sie schnellstens da rausholen?

Zum Weiterlesen

1. Samuel 16,1-8; Römer 12,9-21; 5. Mose 7,7-8

_____

_____

_____

_____

41

Die Schublade (Teil 2)

Als Jugendlicher im „Biblischen Unterricht" (entspricht in manchen Freikirchen dem Konfirmandenunterricht) habe ich mich manchmal gefragt, warum das Neue Testament ausgerechnet mit einem Geschlechtsregister beginnt. Langweiliger und eintöniger kann ein Buch doch gar nicht starten. Ein absoluter Ladenhüter. Es sei denn, der Schreiber wollte, dass alle seine Leser auf den ersten Seiten einschlafen. Dann hätte er sein Ziel erreicht. Fesselnde und mitreißende Lektüre jedenfalls sieht anders aus. Oder klingt es in Ihren Ohren spannend, wenn Sie die nicht enden wollende Namensliste in Matthäus runterleiern: A zeugte B, B zeugte C, C zeugte ... und wenn sie nicht gestorben sind ...

Nein, spannend ist die Liste tatsächlich nicht. Aber sie wird es in dem Moment, in dem ich mir etwas Zeit nehme, um die hinter den Namen steckenden Geschichten zu betrachten. Zu fast jeder der genannten Personen erzählt die Bibel einen Ausschnitt ihrer Biografie. Und der klingt oft so unglaublich und verwegen, dass man sich fragt, was diese Gauner, Mörder und Ehebrecher im Stammbaum Jesu verloren haben. Hat sich da jemand geirrt oder soll das so sein?

Jakob zum Beispiel wird mit Recht auch der Hinterlistige genannt, weil er seine eigene Familie dermaßen belog und betrog, sodass sein Bruder ihn ermorden wollte (1. Mose 27).

Juda hatte Sex mit einer Frau, die er für eine Prostituierte hielt. Später stellte sich heraus, dass es seine Schwiegertochter war, die ihn verführt hatte, weil ihr Mann und Judas Sohn seinen ehelichen Pflichten nicht nachkommen wollte (1. Mose 38).

David war ein Mörder und Ehebrecher der übelsten Sorte,

der seine Macht schamlos für eigene Zwecke missbrauchte und dabei über Leichen ging (2. Samuel 11).

Manasse galt als einer der schrecklichsten Könige Israels, der den Gottesdienst zugunsten okkulter und spiritistischer Sitzungen abschaffte, in denen auch Kinder geopfert wurden (2. Könige 21).

Zedekia hatte den Untergang Jerusalems zu verantworten und floh, als er Verantwortung übernehmen sollte (2. Könige 25). Die Liste der Schandtaten ließe sich beliebig verlängern.

Zusammenfassend stellen wir also fest, dass die Vorfahren Jesu keinesfalls durch einen besonders heiligen Lebensstil auffielen, sondern im Gegenteil mehr Dreck am Stecken hatten als viele ihrer Zeitgenossen. Zu fast jedem Namen hätte es eine große Schublade gegeben, in man ihn hineinstecken und, unter Beachtung elementarer Grundsätze der Moral, wohl nie wieder hätte rausholen dürfen. Betrüger und Mörder, Ehebrecher und Kinderschänder, Götzendiener, Satansanbeter und Feiglinge – sie alle haben jämmerlich versagt und ihre Chance verspielt. Die sind unten durch und gehören unter strengste Bewachung. Wer weiß, ob sie das nicht wieder tun?

Umso erstaunlicher ist es, dass alle diese in unseren Augen unfähigen Versager zu Jesu Vorfahren gehören. Gott hat offensichtlich nicht ausgesiebt und nach Heiligkeit sortiert, sodass sein Sohn einer lupenreinen Dynastie entstammt wäre. Im Gegenteil: Es war ihm scheinbar viel wichtiger, der Welt und uns zu zeigen, dass auch solche Menschen bei ihm eine zweite, dritte und vierte Chance haben. Schubladendenken ist und bleibt unserem Herrn fremd, weil es jegliche Chance auf einen Neubeginn verbaut.

„Wer einmal lügt, dem glaubt man nicht und wenn er auch die Wahrheit spricht." Den Satz kenne ich seit meiner Kindheit. Er hat sich (leider) tief in mir eingeprägt und zeigt, wie schnell wir uns gegenseitig verurteilen und dadurch die Chance auf einen Neubeginn nehmen.

Die Gemeinde Jesu sollte genau an dieser Stelle einen Kontrapunkt setzen. Warum? Weil Jesus es auch getan hat, und weil genau darin die Größe und Einzigartigkeit des Evangeliums liegt.

Zum Weiterdenken

» Was löst die Beobachtung, dass Jesus in seinem Stammbaum übelste Verbrecher hatte, bei Ihnen aus?
» In den meisten christlichen Gemeinden trifft man vor allem Menschen aus der „bürgerlichen Mitte" der Gesellschaft. Woran liegt das? Warum gelingt es uns offensichtlich nicht, Menschen aus anderen Milieus anzusprechen?

Zum Weiterlesen

2. Könige 20, 12-20; Matthäus 11,19; 18,21-35

42

Das Spiel mit dem Brennglas

Die meisten von uns können sich noch gut daran erinnern, denn fast jeder hat es in seiner Kindheit getan. Hochsommer, Temperatur bei 30 Grad Celsius oder höher, und die Sonne musste unbarmherzig aufs Land scheinen, dann funktionierte es am besten. Mit einem Vergrößerungsglas haben wir die Sonnenstrahlen gebündelt und auf ein Stück Papier gehalten, so lange, bis es anfing zu kokeln. Manchmal fing es auch Feuer. Wir wussten zwar nicht genau, was da in dem Brennglas vor sich ging und warum das gebündelte Licht solch eine Kraft entwickelte, aber das war uns auch egal. Das Spiel mit der Lupe war einfach zu spannend und faszinierend – so lange, bis die Eltern es rochen und schimpfend angelaufen kamen. Die Gefahr, dass durch unsere Spielerei auch etwas Schlimmeres hätte passieren können, sahen wir nicht. Wie Kinder nun mal sind.

In Markus 9 finden wir ein höchst interessantes Gespräch zwischen Jesus und seinen Jüngern. Sie kamen gerade von einem Missionseinsatz zurück und

erzählten ihrem Meister ziemlich aufgebracht, dass ihnen unterwegs Trittbrettfahrer begegnet seien; Prediger, die im Namen Jesu auftraten, aber gar nicht zu ihnen gehörten. Verständlicherweise regten sich die Jünger darüber auf. „Meister, da sind welche, die nutzen deinen guten Namen und deine Berühmtheit, um selbst groß rauszukommen. Das geht doch nicht. Dagegen müssen wir etwas unternehmen."

Mit anderen Worten: Die Jünger hielten das Brennglas auf diese Sache, in der Hoffnung, dass Jesus gleich Feuer fängt und diese „falschen Propheten" verurteilt und zum Teufel jagt. Schließlich ging es hier um eine theologisch sehr weitreichende Entscheidung. Aber erstaunlicherweise blieb Jesus absolut cool und regte sich überhaupt nicht auf. Im Gegenteil. Er schaute seine Jünger an und sagte: „Lasst sie doch machen!" „Wie bitte?"

„Ja, lasst sie doch predigen." Und dann kam diese komische Begründung: „Wer nicht gegen uns ist, der ist für uns."

Für mich gehört diese Geschichte zu den interessantesten im Neuen Testament. Vor allem die ungeplante und schwer nachvollziehbare Reaktion von Jesus gibt mir immer wieder zu denken. Denn eigentlich kann ich den Wunsch der Jünger sehr gut verstehen. Sie wollten Klarheit und Abgrenzung gegenüber anderen „Scheinaposteln". In ihren Augen war es wichtig zu klären, wer dazugehört und wer nicht. Da könnte ja jeder kommen …

Jesus aber hat hier ein sehr weites und unbekümmertes Herz. Seine Reaktion lässt erahnen, dass es für ihn viel wichtigere Dinge gibt, als sich über solche Randgebiete aufzuregen. Wer dazugehört, entscheidet sich für ihn nicht am Etikett, sondern an den Früchten.

In manchen Diskussionen und Gesprächen innerhalb unserer Gemeinden diskutieren wir heute über ganz ähnliche Fragen. Wir reden über das Verhalten von bestimmten Christen und darüber, wie manche ihren Glauben im Alltag leben. Wir maßen uns an zu wissen und zu beurteilen, welcher Lebensstil der christlich-richtige im 21. Jahrhundert ist und welcher nicht.

Mit anderen Worten: Wir halten das Brennglas auf Dinge, die unserer Meinung nach für einen Nachfolger Jesu zentral sind und eine deutliche Entscheidung (Abgrenzung) benötigen. Dabei ist die Palette der Themen sehr groß: von dogmatischen Fragen (Was ist biblisch korrekt?) bis zu ethischen Überzeugungen (Wie ist mein Verhalten?) – alles wird „unter die Lupe genommen".

In solchen Diskussionen fällt mir manchmal diese Geschichte ein. Dann stelle ich mir die Frage, ob Jesus uns heute mit unserem „Brennglas-Verhalten" nicht ganz ähnlich begegnen würde wie seinen Jüngern damals. Ob wir uns vielleicht auch wundern würden darüber, dass unser Herr und Meister bei manchen Themen gerade nicht Feuer fängt, sondern cool bleibt. Ob er uns indirekt dafür kritisieren würde, dass wir Randthemen zu sehr ins Zentrum gerückt und die wirklich wichtigen Fragen vergessen haben: Wo sind unsere Früchte?

Zum Weiterdenken

» Welche Fragen und Themen werden momentan in Ihrer Gemeinde diskutiert?
» Gehören sie wirklich zum Zentrum oder eher an den Rand von Jesu Anliegen?
» Wie ist der umgekehrte Fall? Gibt es auch Themen, die wir längst vergessen haben, obwohl sie sehr wichtig sind?

Zum Weiterlesen

Maleachi 1,6-14; Markus 9,38-40; Matthäus 23,13-34

Woche 7

Wer Visionen hat ...

Eine heile Beziehung zu meinen unerfüllten Träumen

von Harald Orth

Vor einigen Jahren machte ein großes deutsches Unternehmen mit folgendem Slogan auf sich aufmerksam: „Jeder hat etwas, das ihn antreibt." Über diesen Satz habe ich lange nachgedacht, und bis heute bin ich mir nicht sicher, ob er stimmt. Hat wirklich jeder Mensch einen kleinen (oder großen) Antreiber, der sie/ihn aktiv werden lässt? Wenn ja, was sind das für „Motoren", die uns da voranbringen? Wie heißen sie? Und wodurch sind sie zu beeinflussen?

Wenn wir eine Umfrage zu diesem Thema machen würden, bei der die Teilnehmer an einen Lügendetektor angeschlossen sein müssten, wäre die Palette der Antworten wahrscheinlich ziemlich groß. Die am meisten genannten (Geld, Karriere, Ansehen) würden uns nicht vom Hocker reißen – das wären die Standards. Viel interessanter wären die individuellen und unsichtbaren Antreiber; die Motive, die schon seit Jahren tief in uns schlummern und auf eine – wie auch immer geartete – günstige Gelegenheit warten. Die Träume, die wir noch keinem anderen Menschen erzählt haben, weil sie uns zu peinlich, zu verrückt oder zu unrealistisch scheinen.

Wie auch immer: Das Thema dieser Woche bringt eine Seite in uns zum Schwingen, die nicht unwichtig ist, weil sie zu unserer Persönlichkeit dazugehört und eine Vielzahl weiterer Fragen auslöst; z. B.:

» Welche unerfüllten Träume, Wünsche und Sehnsüchte schlummern in uns, und wie gehen wir damit um?

» *Welche Möglichkeiten gibt es, diese stillen „Antreiber" zu erkennen und sinnvoll zu nutzen?*
» *Für welche Träume lohnt es sich zu arbeiten, und welche bleiben besser unerfüllt?*

In der vor uns liegenden Woche werden uns einige Menschen begegnen, die uns als klassische Prototypen im Umgang mit unerfüllten Träumen und Wünschen dienen. Menschen wie du und ich, die aber jeweils einen bestimmten Weg gefunden haben, mit ihren stillen Antreibern umzugehen.

Ihre übergeordnete Aufgabe als Leser dieser sieben Einheiten besteht nicht nur darin, diese zu lesen und aufzunehmen, sondern auch herauszufinden, welches dieser sieben Profile am besten zu Ihnen passt. Wer bin ich, und warum reagiere ich manchmal so, wie ich es tue? Was machen meine unerfüllten Träume mit mir, und wie gehe ich mit ihnen um? Und warum verhält sich mein Nachbar, Freund, Kollege so ganz anders?

43

Der Kämpfer

Julia Hill, der Name ist vielen Amerikanern in Erinnerung als eine Frau, die für ihre Träume kämpft – mit allen ihr zur Verfügung stehenden Mitteln. Hier ihre überaus spannende Geschichte:

Ende der 1990er-Jahre erfüllten die dichten kalifornischen Wälder nur einen einzigen Zweck: Sie stillten den schier unerschöpflichen Hunger der Holzindustrie Kanadas, ein wichtiger Arbeitgeber im Norden. Mit den gewaltigen Stämmen der über 100 Meter langen Küstenmammutbäume ließ sich gutes Geld verdienen – bis zu 50.000 Dollar pro Exemplar. Das wusste auch ein texanischer Unternehmer, der sich genau deshalb eingekauft hatte. Er wollte Profit mit den sogenannten Redwood-Wäldern machen. Alles andere war ihm egal. Deshalb ließ er den Einschlag verdreifachen. Und so fielen die uralten Riesen – einer nach dem anderen. Das rief einige Naturschutzverbände auf den Plan, die diesem geldgierigen Kahlschlag nicht einfach zusehen konnten und wollten. Für sie war der Mammutbaum mehr als nur ein Geldlieferant.

Hier kam Julia Hill ins Spiel. Eine junge, 23-jährige Frau, die sich in ihrem Protest nicht anders zu helfen wusste, als auf einen dieser Riesen zu klettern und sage und schreibe 738 Tage, also mehr als zwei Jahre, dort zu bleiben. Ihr großer Traum war, den über 1000 Jahre alten Mammut zu retten, auf dem sie saß. Und nachdem alle legalen, juristischen Versuche gescheitert waren, entschloss sie sich zu dieser beispiellosen Aktion. Alles Zureden half nichts. Drohungen und Wutreden prallten an ihr ab. Selbst der bis dahin härteste kalifornische Winter konnte ihr nichts anhaben. Juli Hill blieb auf ihrem Baum und ertrug alle Widrigkeiten, so lange, bis ihr sein Erhalt von der obersten kalifornischen Behörde versprochen wurde.[20]

Im Alten Testament gibt es einen Mann, der mit ganz ähnlicher Ausdauer und Härte für seinen Traum kämpfte wie Julia Hill. Auch er beließ es nicht bei ermahnenden Worten oder Hinweisen, sondern setzte sich persönlich mit aller Konsequenz dafür ein. Er gab auch nicht auf, als sich alle gegen ihn wandten und er alleine mit seinem Traum zurückblieb. Nein, das schien ihn gerade noch mehr zu ermutigen und anzufeuern, weil ihm plötzlich klar wurde: Wenn ich es nicht tue, tut es keiner.

Elia hieß der Mann. Er war ein Sprachrohr Gottes (Prophet) in einer Zeit, die gottloser und heuchlerischer nicht sein konnte. Der Gott Israels wurde von den meisten seiner Zeitgenossen nur noch als frommes Alibi benutzt, als scheinheilige Verpackung, die sich gut vermarkten lässt. Mit ihren Herzen allerdings hingen sie an den babylonischen Götzen aus Holz und Stein. Da sieht man wenigstens, was man hat. Manche waren diesem Götzenkult so sehr verfallen, dass sie dafür sogar ihre eigenen Kinder opferten.

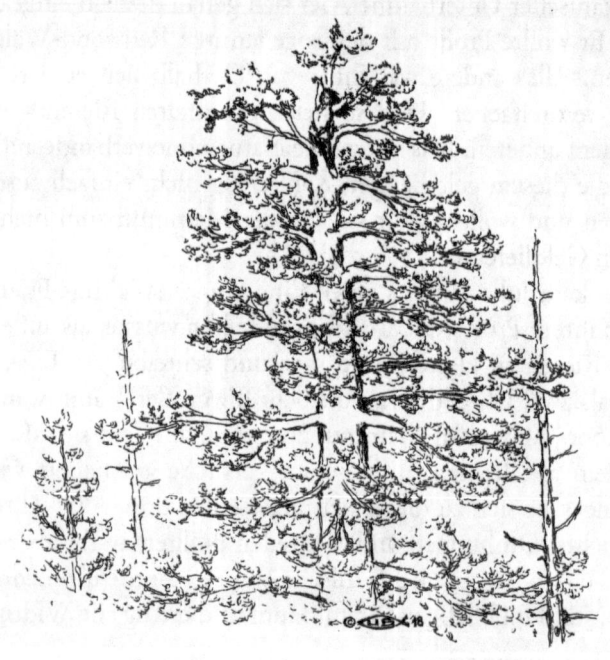

Elias großer Traum, für den er mit ganzem Einsatz kämpfte, schien dementsprechend aussichtslos: Er wollte ein heiliges, gereinigtes Volk, das einzig und allein den wahren und lebendigen Gott anbetete. Dafür legte er sich mit allen Andersdenken an – angefangen beim einfachen Landwirt bis hinauf zum König. Er kämpfte nicht nur mit Worten sondern auch mit körperlicher Gewalt und Waffen, um den Götzendienst auszurotten, der sein Volk verführt hatte. 450 Irrlehrer und Baalspriester ermordete Elia höchstpersönlich. Ein echter Kämpfer.

Dann aber gab es einen Moment in Elias Leben, eine Erfahrung, die so gar nicht zu ihm und seinem kämpferischen Wesen passte und ihn deshalb mehr herausforderte als der handfeste Kampf gegen die Baalspriester – nachzulesen in 1. Könige 19,9-18. Gott lud ihn ein zu einem Meeting. Er wollte sich mit ihm treffen – höchstpersönlich. Und nun stellen wir uns vor, wie Elia an der Bushaltestelle steht und auf Gott wartet. Es kamen drei Busse: der erste in Form eines Orkans, der zweite als Erdbeben und der dritte mit Glut und Feuer. Aber in keinem dieser drei Busse saß Gott. Ich stelle mir vor, wie Elia zu zweifeln begann: „Gott, wo bist du allmächtiger, gewaltiger und großer Herrscher? Sollte ich mich in dir geirrt haben?" Dann, so sagt die Bibel, kam ein vierter Bus, den der Prophet fast übersehen hätte: ein stilles, sanftes Sausen. Ein laues Lüftchen – mehr nicht. Und genau darin war er, Gott, höchstpersönlich.

Kämpfer wie Elia, Julia Hill und viele andere haben einen großen Vorteil: Sie erreichen (fast) immer, was sie sich vorgenommen haben. Ihr Einsatz, ihre Geduld, ihre Kreativität für die Umsetzung ihres Traums sind so groß, dass sie nicht aufgeben, bevor sie ihr Ziel erreichen. Manche beneiden sie um diese Fähigkeit. Solche Kämpfernaturen haben aber oft auch eine ausgeprägte Schwachstelle, die darin besteht, dass sie die leisen Töne nicht wahrnehmen. Mit Herausforderungen umgehen, die Sensibilität oder sogar Passivität verlangen, können sie gar nicht. Für ihren eigenen Traum zu kämpfen, fällt ihnen leicht; dass es jemand anders für sie tut, können sie dagegen kaum aushalten. Und genau diese Erfahrung fehlt auch in ihrem Gottesbild.

Deshalb brauchte Elia die Lektion des sanften, stillen Sausens. Er kannte diese Seite von Gott noch nicht, aber sie ist genauso wichtig wie die starke, allmächtige Seite. Deshalb musste er sie dringend kennenlernen.

Vielleicht gehören auch Sie zu den Kämpfertypen, die alles daran setzen, dass ihr Traum verwirklicht wird. Vielleicht sind Sie auch so jemand wie Julia Hill, die vor nichts und niemand scheut und sogar lebensmüde Aktionen auf die Beine stellt. Herzlichen Glückwunsch. Unter Langweile werden Sie nicht leiden.

Dennoch sollten Sie daran denken, dass manche Träume gerade nicht durch hartes Arbeiten und Kämpfen in Erfüllung gehen, sondern durch Beten und Fasten. Manchmal sind wir herausgefordert, zu warten und zuzuschauen, wie Gott etwas tut (Jesaja 30,15). Manchmal wird unser Glaube mehr gestärkt, indem wir ruhig sind, anstatt zu streiten. Gottes Stimme jedenfalls ist in der Stille besser zu hören als im lauten Getümmel.

Zum Weiterdenken

» Fallen Ihnen weitere „Kämpfer" ein – biblische und/oder außerbiblische Personen?
» Lesen Sie 1. Könige 19,9-18 und versuchen Sie Elia zu beraten. Was will Gott ihm mit diesem Erlebnis sagen? Was soll er lernen?
» Hand aufs Herz: Sind Sie selbst ein Kämpfertyp? Wenn ja, was spricht Sie in der Lektion am meisten an? Was können Sie für die Erfüllung Ihrer Träume daraus lernen?

Zum Weiterlesen

Richter 11,1–12,7; 2. Timotheus 4,6-8

44

Der Schönredner

In Mark Twains Roman „Die Abenteuer des Tom Sawyer" gibt es eine sehr lehrreiche Szene: Der Held, der sich eigentlich zu höheren Aufgaben berufen sieht, muss den Gartenzaun seiner Tante streichen. Welch eine Schande. Und als ob das nicht schon Strafe genug wäre, kommt noch hinzu, dass seine Freunde bald vorbeikommen werden, um sich über sein Unglück lustig zu machen. Abgrundtiefe Erniedrigung. Doch Tom ist nicht dumm. Er lässt sich etwas einfallen: Als die Freunde kommen, tut er so, als streiche er den Zaun mit dem größten Vergnügen – so, als hätte er nie etwas Schöneres getan. Als die Freunde ihn bedauern, weil er für seine Tante arbeiten muss, antwortet er: „Na ja, vielleicht ist es ja Arbeit. Vielleicht auch nicht. Hauptsache, ich mach es gern." Und tatsächlich, der Trick funktioniert. Am Ende zahlen die Freunde nicht nur dafür, auch mal streichen zu dürfen, sondern genießen es auch noch.

Resümee: Man muss eine negative Sache nur lange genug und mit Überzeugung schönreden, dann wird sie es auch. Anders gesagt: Nicht zugeben, dass mir etwas nicht gefällt oder Schwierig-

keiten bereitet, sondern so tun, als ob ich mich darüber freue – dann verschwindet das Problem von ganz alleine.

Zu einfach, sagen Sie? Zu weit hergeholt? Zu untauglich für die wirklich wichtigen Themen des Lebens? Dann schauen wir uns mal eine Passage im Alten Testament an, in der diese Art der „Problembewältigung" von vielen Menschen ganz selbstverständlich angewandt wurde, so als wäre es das Werkzeug erster Wahl. Wenn nichts mehr geht, dann eben so.

Die Israeliten waren seit mehreren Hundert Jahren in ägyptischer Gefangenschaft und wurden behandelt wie Sklaven: niedere Kreaturen, die zu dementsprechend niedrigen Arbeiten gezwungen wurden. Wer sich weigerte, bekam die Peitsche zu spüren – auch auf die Gefahr hin, dass er es nicht überlebte. Das, so sagt die Bibel, war die schlimmste Zeit in der ganzen Geschichte Israels. Dementsprechend laut war das Geschrei unter den Leuten. Um diese grausame Epoche ein für alle Mal zu beenden, pflanzte Gott Mose einen Traum ins Herz: die große Vision vom eigenen Land. Er selbst würde sie aus der Sklaverei herausführen, auf einem Weg durch die Wüste bis hin zu einem Landstreifen am Mittelmeer, den sie dann als freie Leute einnehmen und bewohnen sollten. Eine herrliche Vorstellung, die bis dahin keiner gewagt hatte zu träumen.

Und tatsächlich, dieser Traum schien in Erfüllung zu gehen. Zumindest der Anfang, die „Abreise" aus Ägypten, wurde von mächtigen Taten Gottes ermöglicht, denn freiwillig ließ der ägyptische König sie natürlich nicht ziehen. Er, der Allmächtige, stand zu seinen Versprechungen. Die Reise konnte beginnen. Dann aber kam eine Zeit, die so nicht geplant war: Aufgrund verschiedenster Sünden wurde Israel zu Umwegen gezwungen. Die Wüste wurde für die nächsten 40 Jahre zu ihrem Zuhause. Trockenheit, Hunger, Kämpfe gegen fremde Stämme gehörten nun zu ihrem Alltag – darauf waren die Nachkommen Abrahams nicht vorbereitet. Die Stimmung sank auf den Nullpunkt.

Und nun, in dieser langen und schweren Anfechtung, traten plötzlich Schönredner aus den eigenen Reihen auf und versuchten doch tatsächlich, die Menschen zur Rückkehr nach Ägypten zu bewegen, mit dem Argument, dass die Gefangenschaft ja eigentlich doch ganz nett gewesen sei (4. Mose 11). Die Mahlzeiten im Sklavenhaus waren plötzlich vorzüglich, die Menschen allesamt nett und freundlich und außerdem hätte man ja ein Dach über dem Kopf gehabt. Das, worüber wir in Mark Twains Roman herzhaft lachen, war hier bittere Realität. Die Schönredner gingen mit größtem Eifer zur Sache, um das schmackhaft zu machen, was Gott durch große Wunder beendet hatte: die Sklaverei. Und fast wäre der herrliche Traum vom eigenen Land, vom freien und selbstständigen Leben, genau daran gescheitert.

Und es gibt sie auch heute noch, fromme Menschen, die uns davon überzeugen wollen, dass Krankheit und Tod, Verlust und Trauer, Sorgen und Ängste, oder irgendwelche anderen schrecklichen Erfahrungen einen überaus positiven Sinn hätten. Gott würde uns nicht umsonst mit diesen Dingen konfrontieren, also sei es jetzt unsere Aufgabe, seine Lerneinheit darin zu sehen und zu akzeptieren. Mit anderen Worten: Vergiss deinen Traum!

STOP! Natürlich ist Gott auch in unseren schweren Zeiten und Anfechtungen gegenwärtig. Natürlich ist er auch Herr über diese Dinge und kann uns dadurch wachsen und reifen lassen. Gut, dass wir einen solchen großen Gott haben. Dennoch ist das noch lange kein Grund dafür, diese schrecklichen Erfahrungen bunt anzumalen und uns damit den Traum vom Leben in Fülle (Johannes 10,10!) auszureden.

Halte deine Träume fest! – Das war die Botschaft, die Mose und sein Team in der Wüste immer wieder predigten. Lasst uns das gute, von Gott gemachte Versprechen nicht aufgeben, nur weil wir das Ziel noch nicht sehen. Umwege sind zwar länger und schwieriger zu gehen, aber sie führen trotzdem zum Ziel. Werft euer Vertrauen nicht weg, sagt der Hebräerbrief (10,35) und lasst euch erst recht nicht einreden, dass die dunklen und schlechten Erfahrungen gut und richtig sind.

Zum Weiterdenken

» Kennen Sie „Schönredner", die für alles immer eine passende Erklärung haben? Sind Sie vielleicht selbst einer?
» Warum mutet Gott manchen Menschen zu, schlimme und schreckliche Wege auszuhalten, ohne eine Begründung dafür zu bekommen?

Zum Weiterlesen

Hiob 19,23-29; Philipper 3,12-21

45

Der Sicherheitsmensch

Eine hinreißend hübsche Blondine betritt eine Bank in Frankfurt und bittet um einen Kredit über 10.000,- € für eine 3-wöchige USA-Reise. Der Banker fragt: „Welche Sicherheiten können Sie mir bieten?" „Kein Problem, draußen ist mein neuer Aston Martin geparkt", so die Blondine. Der Angestellte blickt kurz durchs Fenster und unterschreibt den Darlehensvertrag.

Nach drei Wochen kehrt die Blondine zurück, bezahlt ihre Schulden und 34,62 € Zinsen. „Hören Sie", meint der Banker, „wir haben herausgefunden, dass Sie Multimillionärin sind. Warum tun Sie so etwas? Sie haben das doch gar nicht nötig."

Darauf lacht die Blondine verschmitzt und erklärt: „Wo sonst in Frankfurt kann man ein 200.000,- € teures Auto drei Wochen lang für 34,62 € völlig sicher parken?"

Das Thema „Sicherheit" und alle damit zusammenhängenden Fragen werden in Deutschland immer präsenter und wichtiger. Die Ausgaben für private und öffentliche Sicherheitsvorkehrungen (Überwachungskameras, Schließeinrichtungen, Alarmanlagen etc.) steigen von Jahr zu Jahr. Auch die Kreativität und Vielfalt beim Erfinden neuer Technologien sind nirgends so groß wie in diesem Bereich. Über das altbekannte Lenkradschloss können Experten heute nur noch müde lächeln. Auch die Schlüsseltechnologie ist schon lange nicht mehr wirklich sicher. Lesegeräte zur Identifizierung des Fingerabdrucks, oder noch besser zum Erkennen der Augennetzhaut sind bei vielen Unternehmen inzwischen Standard. Sicherheit geht vor, lautet die Devise.

Gestern hatten wir uns mit den Schönrednern unter den alten

Israeliten, die aus Ägypten ausgezogen waren, beschäftigt. Vor allem zu Beginn der langen Wüstenzeit hätten diese Menschen den Traum vom eigenen Land fast vereitelt dadurch, dass sie die Sklaverei verherrlichten. Heute legen wir unser Augenmerk auf das Ende der 40-jährigen Wanderung: Die langen und trockenen Jahre sind vorbei, das eigene Land ist in Sicht, Israel steht kurz vorm Ziel. Nichts scheint mehr im Weg zu stehen. Um diesen historischen Schritt gut vorzubereiten, bekommen zwölf Männer den Auftrag, Kanaan zu erkunden (4. Mose 13). Sie sollen Land und Leute ausspionieren, damit die Israeliten wissen, was auf sie zukommt und worauf sie sich einstellen müssen. Ein guter Gedanke.

Leider gehörten zehn von diesen zwölf Spionen zur Gruppe der Sicherheitsmenschen, die eben nur dann neue Wege gehen und Glaubensschritte wagen, wenn sie sicher sind und der Erfolg garantiert ist. Aber genau das war in dieser Situation nicht gegeben. Im Gegenteil: Das, was die Zwölf bei ihrer Tour durchs Land gesehen hatten, erhöhte den Unsicherheitsfaktor enorm: starke und befestigte Städte, große und gut ausgebildete Krieger, uneinsehbares Gelände.

„Wir sind verloren!", lautete ihr Resultat. „Wir können diesen Kampf nicht gewinnen. Das ganze Unternehmen Kanaan war ein dummer Traum, lasst uns umkehren." Und wieder stand das Versprechen Gottes, sein guter und weiser Plan für Israel, kurz vor dem Scheitern. Diesmal wegen der Sicherheitsmenschen.

Glaube und Sicherheit wirken manchmal wie zwei gegeneinander streitende Kräfte. Wie zwei verkehrt zueinander liegende Magnete sich gegenseitig abstoßen, so können auch diese beiden offensichtlich nicht miteinander klarkommen. Warum ist das so? Verstehen wir Gott an dieser Stelle nicht richtig? Mutete er uns zu viel zu? Ist unser Glaube zu klein?

Wie viele Träume und Visionen sind schon gescheitert, weil zu viele Sicherheitsmenschen die Oberhand gewannen und die anderen als verrückte Spinner bezeichneten? Für nahezu alle Gründungsinitiativen entscheidet sich hier ihr weiteres Wohl und Wehe.

Wir brauchen gute Planer und Rechner – keine Frage. Wir brauchen Menschen, die unser neues Land erkunden und die nötigen Vorbereitungen treffen, absolut richtig. Dennoch darf unser manchmal übersteigertes Bedürfnis nach Schutz und Sicherheit den Glauben nicht dominieren.

Nicht umsonst lautet die Definition: „Glaube ist eine feste Zuversicht auf das, was man hofft; und ein Nichtzweifeln an dem, was man nicht sieht" (Hebräer 11,1, L). Da steht nicht: Glaube ist das Wissen, dass alles klappt und wir keine Probleme haben werden. Wir sollen und dürfen uns Gottes gute Ziele, seine Träume für unser Leben, nicht kleinrechnen lassen.

Zum Weiterdenken

» Kennen Sie Sicherheitsmenschen in Ihrem Beziehungsnetzwerk? Wenn ja, wie gehen Sie mit ihnen um?
» Welche Motive sind für Sicherheitsmenschen wichtig? Warum wirken sie manchmal so negativ?
» Wenn Sie selbst ein Sicherheitsmensch sind: Was hilft Ihnen, Vertrauen zu lernen und Wagnisse einzugehen?

Zum Weiterlesen

Richter 6,33-40; Lukas 14,28-30, Philipper 3,12-14

46

Der Resignierte

Schwer erkauft ist dieser Gleichmut,
Den du oft an mir gelobt;
Denn des Lebens Bitterkeiten
Hab ich bis zum Grund erprobt.

Keiner hat vor Schaugerichten
Dieser Welt wie ich gedarbt;
Doch die Wünsche sind erstorben.
Und die Wunden sind vernarbt.

Von den ferngesteckten Zielen
Bin ich mehr als je entfernt;
Und das Lachen und das Weinen,
Beides hab ich längst verlernt.

Heinrich Leuthold (1827–1879), Schweizer Dichter und Epiker,
Mitglied des Münchner Dichterkreises und Übersetzer französischer Lyrik

Die Stimmung war am Boden – niedergeschlagen, deprimiert. Kein Fünkchen Hoffnung war mehr zu erkennen. Und selbst die Begegnung mit einem Engel ließ ihn völlig kalt. Die uralten Lieder von einer stolzen Nation, die schönen Geschichten von Sieg und Freude, das Singen und Jubilieren der Frauen – nichts von alledem war mehr zu hören. Wozu auch?

Die Hoffnung stirbt zuletzt, sagt der Volksmund. Und genau

die war bei Gideon tatsächlich gestorben. In Richter 6 können wir lesen, wie dieser einst so stolze und überzeugte Leiter Israels völlig resigniert Weizen drosch – aus lauter Frust. Sein ganzes Volk lebte in ständiger Angst vor den Midianitern, diesen gottlosen Heiden, und die wiederum ließen keine Gelegenheit aus, sie, die Hebräer zu schikanieren und ihre Macht auszuspielen. Wo war Gott? Diese Frage bewegte sie alle. Aber, anders als noch zu Beginn der Leidenszeit, war dahinter keine Hoffnung und Zuversicht mehr zu spüren, sondern pure Resignation; fast schon Blasphemie.

„Wenn es einen Gott gibt, wo sind dann all seine Wunder? Und wann erfüllen sich die großen Visionen, von denen unsere Väter immer erzählten?" Mit diesen harten Vorwürfen antwortete Gideon dem Engel und ließ seinem Frust freien Lauf. Der Traum vom selbstbestimmten Leben in einem freien Land war es, den seine Vorfahren dazu bewegt hatten, loszuziehen. Nach langen Jahren in der Wüste durften sie es dann auch einnehmen, dieses Fleckchen Erde direkt am Mittelmeer. Aber von einem freien und unabhängigen Leben waren sie seitdem weit entfernt. Im Gegenteil: Sie waren wieder zu Sklaven geworden, diesmal in ihrem eigenen, von Gott versprochenen Land. Welch eine Schande! War es Gideon da zu verdenken, dass er und die Seinen resignierten? Dass alleine das Wort „Vision" ihn auf die Palme trieb.

Sollte Gott doch endlich mal Wort halten und ihn erfüllen, seinen großen Traum. Sollte er sich doch bitteschön endlich zu seinem Volk bekennen und die Angst nicht ständig noch größer machen.

Ich kann ihn gut verstehen, diesen Gottesmann in seiner Not und Klage. Seine Resignation und Niedergeschlagenheit sprechen mir aus dem Herzen. Er hängt an Gottes Wort, vertraut auf dessen Zusagen und wird von Tag zu Tag enttäuscht. Er baut auf das Große und Schöne, was sein Herr und Meister prophezeit hat und erlebt genau das Gegenteil. Wer wollte da nicht resignieren?

Und ich kann ebenso die vielen Christen im 21. Jahrhundert verstehen, die darüber zerbrechen, dass das Evangelium von Jesus

Christus in Europa immer weniger Gehör findet. Dass von der Vollmacht, die Jesus seinen Jüngern verheißen hat (Johannes 14,12 u. a.) fast nichts zu spüren ist, wo wir sie doch so dringend bräuchten. Tiefgläubige Menschen, die sich nach Erweckungszeiten sehnen, wie sie in der Apostelgeschichte zu finden sind, aber nichts davon spüren. Wo ist Gott? Wo sind seine Verheißungen?

Schon Salomo wusste: „Endloses Hoffen macht das Herz krank." (Sprüche 13,12, HfA)

STOP! Bevor wir jetzt alle resignieren und in das oben zitierte Lied von Heinrich Leuthold mit einstimmen, schauen wir uns die Antwort an, die der Engel Gideon gegeben hat: „Geh hin in deiner Kraft; du sollst Israel erretten aus den Händen der Midianiter" (Richter 6,14). Mit anderen Worten: Ich brauche Menschen wie dich, die an der Verwirklichung meiner Vision mitarbeiten. Ich suche solche Leute, denen es nicht genügt, von den guten alten Zeiten nur zu reden, sondern die sie auch selbst haben wollen.

Träume und Visionen erfüllen sich nicht von alleine, sondern sind darauf angewiesen, dass Menschen sich dafür einspannen lassen. Die gute Nachricht dabei: Gott braucht dafür keine Überflieger, Helden oder Supermänner, sondern Menschen wie dich und mich. Deshalb sagt der Engel: „Geh hin in deiner Kraft." – Arbeite und kämpfe mit dem, was du hast, das genügt. Warte nicht auf bessere Zeiten, mehr Motivation, mehr Geld, Mitarbeiter oder was auch immer. Fang jetzt an, deinen (unseren) Traum zu realisieren, mit den Mitteln und Möglichkeiten, die dir zur Verfügung stehen. Du wirst staunen.

Zum Weiterdenken

» Wie heißt Ihr größter, bislang unerfüllter Traum? Stimmt er mit Gottes Vorstellungen überein oder eher nicht?
» Was macht es mit Ihnen, wenn er sich offensichtlich nicht erfüllt? Resignation?
» Was wären Sie bereit, zur Erfüllung beizutragen?

Zum Weiterlesen

Samuel 1; Klagelieder 3,1-26; Epheser 2,11-22

47

Der Verweigerer (Teil 1)

„Wo sind Ihre Visionen?" Auf diese Frage soll Altkanzler Helmut Schmidt einmal geantwortet haben: „Wer Visionen hat, sollte zum Arzt gehen." Diese Antwort ist seitdem unzählige Male zitiert worden und wird bis heute gerne genutzt, um für Nüchternheit und Sachlichkeit zu werben. Menschen, die, aus welchem Grund auch immer, die Sorge haben, dass visionäres Denken unrealistisch und weltfremd werden könnte, fühlen sich mit der Aussage verstanden.

„Mit beiden Beinen auf dem Boden bleiben." Oder: „Lieber den Spatz in der Hand als die Taube auf dem Dach." Solche und ähnliche Sprichwörter gehen in die gleiche Richtung und scheinen zu bestätigen, dass rationales Denken besser ist als visionäres.

Anfang dieser Woche hatten wir uns kurz mit Mose beschäftigt, dem Mann, der wie kein anderer sein komplettes Leben und das des ganzen Volkes von einer Vision abhängig gemacht hatte und trotzdem nicht abhob. Im Gegenteil: Er blieb sehr realistisch und bodenständig und ist somit der beste Beweis dafür, dass rationales und visionäres Denken sich nicht gegenseitig ausschließen. Die Gemeinde Gottes braucht heute wie damals genau solche Menschen, die dem Traum ihres Herrn folgen und ihn in die Realität umsetzen – auch wenn sie davon noch nichts sehen.

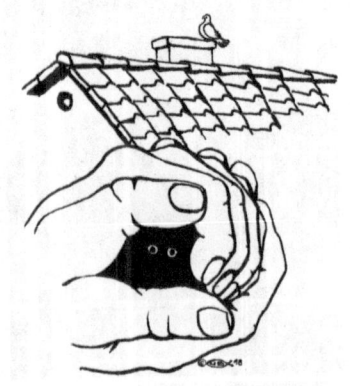

Was der Christenheit einen viel größeren Schaden zufügt, sind Verweigerer: Frauen und Männer, die visionäres Denken als ungeistlich oder unsachlich abtun und stattdessen nur das Hier und Heute betonen. Menschen, die sich viel lieber darauf konzentrieren, das zu besprechen und zu entscheiden, was gerade ansteht, als über „ungelegte Eier" zu diskutieren. Die dahinter stehenden Absichten sind meistens gar nicht böse oder negativ, die daraus resultierenden Konsequenzen aber sehr wohl.

In Moses direktem Umfeld gab es solch einen Vertreter: seinen älteren Bruder Aaron. Wenn es darum ging, notwendige Arbeiten zu erledigen, Hindernisse aus dem Weg zu räumen oder Mose bei seiner Arbeit zu unterstützen, war er genau der Richtige. Er musste sehen, wofür er gebraucht wurde. Dann war er mit Leib und Seele bei der Sache. Wenn er allerdings Entscheidungen treffen sollte, für die er „nur" die Vision Gottes im Rücken hatte, war es mit seiner Hilfe vorbei. Für etwas zu kämpfen und zu arbeiten, was in ferner Zukunft lag, fiel ihm unendlich schwer. Aber genau das war und ist die Herausforderung in der Nachfolge.

In 2. Mose 32 finden wir die bekannte Geschichte vom sogenannten Goldenen Kalb. Mose war auf dem Berg Sinai, um von Gott die Zehn Gebote zu empfangen und hatte Aaron für diese Zeit die Leitung übergeben. Als sich die Rückkehr Moses unerwartet verzögerte, wurden die Menschen unzufrieden. Sie meckerten aber nicht bloß über die verlorene Zeit, was ja noch nachzuvollziehen wäre, sondern stellten gleich Gott und das gesamte Unternehmen infrage. „Mose, wer weiß, wohin der sich verdrückt hat. Und Gott ist wahrscheinlich gleich mit ihm durchgebrannt." – So ähnlich war die Stimmung unter den Leuten. Deshalb kamen sie zu Aaron und sagten: „Mach uns Götter, die vor uns herziehen."

STOP!

Falls Sie den weiteren Verlauf der Geschichte kennen, versuchen Sie ihn jetzt auszublenden und die folgenden Fragen „neutral" zu beantworten.

Zum Weiterdenken

» Worin bestand damals die eigentliche Not im Volk Israel? Welches Vakuum verbirgt sich Ihrer Meinung nach hinter der Aufforderung?
» Wie müsste Aaron jetzt als visionärer Leiter reagieren? Versuchen Sie, seine Antwort schriftlich festzuhalten.
» Kennen Sie ähnliche Situationen in Ihrer Gemeinde?

Zum Weiterlesen

Jona 1; Matthäus 28,18-20

48

Der Verweigerer (Teil 2)

Konrad Adenauer soll einmal gesagt haben: „Wir leben alle unter demselben Himmel, aber wir haben nicht alle denselben Horizont."[21]

Dieser Satz bewahrheitet sich zu 100 % bei den beiden Brüdern Mose und Aaron.

Obwohl sie beide seit Jahren gemeinsam unterwegs waren, mit demselben Ziel und Auftrag, hatten sie einen völlig unterschiedlichen Horizont. Obwohl beide wussten, was für ganz Israel auf dem Spiel stand, zogen sie aus manchen Herausforderungen völlig gegensätzliche Konsequenzen. Obwohl sie (eigentlich) unter derselben Vision aufgebrochen waren, zog Aaron meistens den Spatz in der Hand vor, während Mose die Taube auf dem Dach haben wollte. Das zeigte sich überaus deutlich bei der Geschichte um das Goldene Kalb, mit der wir gestern begonnen haben.

Aaron stand unter Druck (2. Mose 32,1-6). Die Menschen begannen zu rebellieren und suchten nach einer schnellen Lösung. Ihr Gott, ihr Glaube, ihre Vision – alles, was bislang als unumstößlich galt, schien in dieser Anfechtung wie weggeblasen. Es musste etwas geschehen. Sofort! Alle Augen waren auf ihn gerichtet; er war der stellvertretende Chef, also sollte er auch entscheiden. Und er entschied gemäß seinem Horizont: Gib den Menschen, was sie wollen, dann sind sie zufrieden und du hast Ruhe.

Aaron lebte im Hier und Jetzt. Sein Urteilsvermögen war gebunden an die Gegenwart. Deshalb gab er dem Drängen nach und ließ das sogenannte Goldene Kalb anfertigen. Dass er damit Gottes große Vision aufs Spiel setzte, schien ihm egal zu sein.

Bevor wir jetzt über Aaron den Stab brechen, sollten wir uns die Zeit nehmen, um unser eigenes Verhalten kurz zu reflektieren.

Dazu zwei Beispiele:

» Wenn Gott einigen Menschen aus Ihrer Gemeinde aufs Herz legt, einen neuen Mitarbeiter einzustellen, und der Kassierer sagt, dass dafür kein Geld vorhanden ist – was würden Sie tun?

» Wenn Gott dem Leitungskreis Ihrer Gemeinde klarmacht, dass die Gottesdienstzeiten verändert werden müssen, um neue Menschen für Jesus zu gewinnen, aber damit zu rechnen ist, dass dadurch einige „Altgediente" die Gemeinde verlassen werden – was würden Sie tun?

Wer hat in solchen Situationen den Horizont und den Mut, die göttliche Vision höher zu halten als die momentanen Gegebenheiten? Wenn ein Traum spürbare und schmerzhafte Konsequenzen verlangt, dann werden die Verweigerer meistens sehr laut und machen Druck. Dem standzuhalten und entgegenzutreten, dazu braucht es einen göttlichen Horizont.

Als Paulus auf dem Weg nach Jerusalem war, begegnete ihm ein Prophet namens Agabus und demonstrierte ihm auf sehr anschauliche Weise, dass er dort ins Gefängnis kommen würde. Daraufhin versuchten alle seine Mitarbeiter, ihren Chef an der Reise zu hindern. Sie fürchteten um sein Leben. Doch Paulus ließ sich nicht beirren und machte ihnen klar, dass Gottes Plan für ihn oberste Priorität hat – und koste es sein Leben (Apostelgeschichte 21,8-14).

Als Noah damit begann, die Arche zu bauen – auf trockenem Boden und weit und breit kein Wasser in Sicht (1. Mose 6; Hebräer 11,7) – musste er mit Sicherheit viel Spott und Gelächter über sich ergehen lassen. Der Horizont seiner Zeitgenossen war leider an das gebunden, was sie sahen. Noah allerdings konnte weiter sehen und hielt fest an dem, was Gott ihm geoffenbart hatte.

Zum Weiterdenken

» Wie selbstbewusst oder sicher sind Sie, wenn Sie für Ihren Traum kämpfen? Lassen Sie sich eher durch andere beeinflussen, wie Aaron, oder sind Sie eher ein „Noah"?
» Welche Aaron- oder Noah-Typen beobachten Sie in Ihrem Umfeld?
» Falls Sie ein „Aaron" sind: Was können Sie tun, um Ihre Träume zielstrebiger und unbeirrter zu verfolgen?

Zum Weiterlesen

Josua 1,7-9; Eph 4,11-16

49

Der Motivator

„Erzähl ihnen von deinem Traum!" Immer wieder flüsterte sie ihm den Satz zu. „Erzähl ihnen von deinem Traum!"

Als Martin Luther King am 28. August 1963 seine berühmte Rede während des Marsches der Bürgerrechtsbewegung hielt, war diese stille Aufforderung der entscheidende Impuls. Die Ansprache wurde zur entscheidenden Motivation für viele Tausend Menschen in den USA, bewegte Menschen zu wichtigen Taten und ging in die Geschichtsbücher ein.

Der ursprüngliche Plan war, den „I-have-a-dream-Teil" wegzulassen. So hatte es Martin Luther King mit seinen Beratern vorher besprochen. Deshalb stand der Satz auch nicht im Manuskript. Doch seiner Schwester, Mahalia Jackson, war das Manuskript egal. Sie hatte das starke Gefühl, dass der Traum genau in dieser Ansprache erzählt werden muss. Deshalb ermutigte sie ihren Bruder mehrmals dazu, ihn nicht zu verschweigen. Und er ließ sich darauf ein, legte seine Aufzeichnungen beiseite und begann mit den legendären Worten: „I have a dream …"

Mit ganz ähnlichen Worten und Gefühlen begann auch Nehemia seine Rede, ca. 2500 Jahre vorher. Sowohl vor dem König als auch gegenüber den entmutigten Bürgern Israels bekannte er sich zu dem, was Gott ihm aufs Herz gelegt hatte (Nehemia 1–2): „Wir müssen die Stadtmauern Jerusalems wieder aufbauen. Es ist eine Schande, dass diese herrliche Stadt ungeschützt und ruiniert dasteht und zum Gespött der Leute wird. Auf, lasst uns anfangen!" Davon ließen sich viele anstecken und überzeugen, sodass die Menschen schon bald mit der Arbeit begannen und viele Widrigkeiten ertrugen – für ihren großen Traum.

Sowohl Martin Luther Kings Rede als auch die von Nehemia entwickelten den sogenannten Schneeballeffekt: Sie stießen bei vielen Menschen auf offene Ohren und Herzen und ermutigten sie, nicht nur an die Umsetzung zu glauben, sondern auch daran mitzuarbeiten. Und es wurden immer mehr, sodass daraus eine regelrechte Bewegung wurde.

Es gibt Träume und Visionen, die ein riesiges Potenzial entwickeln, wenn sie zur rechten Zeit mit Überzeugung erzählt werden. Auch heute sehnen sich viele Menschen nach einem Bild ihrer Zukunft, für das es sich zu leben und zu kämpfen lohnt. Wo also sind die Visionäre?

Ein aktuelles Beispiel: Immanuel Macron hat es genau deshalb geschafft, innerhalb kürzester Zeit von einem unbekannten Kleinstadt-Politiker zum französischen Präsidenten zu werden. Er, der noch nicht einmal einer eigenen Partei vorstand, verkörperte genau diesen Traum von einer neuen und großen Zukunft Frankreichs. Deshalb wurde er gewählt.

Ich weiß, was Sie jetzt denken, nämlich: „Ich heiße nicht Immanuel Macron oder Martin Luther King. Also …?"

Richtig. Sie sollen ja auch kein französischer Präsident werden, sondern in Ihrem Umfeld das leben und verkündigen, was Jesus Ihnen aufs Herz gelegt hat. Sie dürfen und sollen zu dem Traum stehen, für den Sie sich aufopfern würden. Vielleicht werden andere dadurch motiviert, es Ihnen nachzutun. Jesus sagt nicht umsonst: „Ihr seid das Salz der Erde. Ihr seid das Licht der Welt" (Mt 5,13-14). Mit anderen Worten: Das, was ich in euch hineingelegt habe, hat großes Potenzial. Wendet es an, und nicht zu sparsam!

Das Schöne und Erstaunliche an Gottes Visionen ist immer, dass sie Kreise ziehen und andere davon angesteckt werden. Das zu erleben, gehört meiner Meinung nach zu den schönsten Erfahrungen im Reich Gottes.

Zum Weiterdenken

» Haben Sie einen Traum? Was tun Sie zur Verwirklichung?
» Haben Sie schon anderen Menschen von Ihrem Traum erzählt? – Wenn nein, warum nicht?
» Ist Ihr Traum eine Berufung Gottes? Wenn ja, wie haben Sie das erkannt und wir wirkt sich das aus?

Zum Weiterlesen

Nehemia 5; Offenbarung 3,7-13

_____

_____

_____

_____

Hat Ihnen dieses Buch gefallen?
Schreiben Sie's uns auf www.brunnen-verlag.de.
Ihre Meinung zählt!

Anmerkungen

1   John Ortberg: Jeder ist normal, bis du ihn kennen lernst (Aßlar: Gerth Medien, 2004), S.23.

2   Vgl. DIE ZEIT, Nr.26 vom 16.06.2016, S.11ff.

3   Vgl. Süddeutsche Zeitung, 09.03.2016, vgl. auch https://www.youtube.com/watch?v=069PQ7YR-KY, Zugriff am 05.04.2018.

4   Nachzulesen auf: https://www.leifiphysik.de/mechanik/erhaltungssatze-und-stosse, Zugriff am 05.04.2018.

5   Vgl. DIE ZEIT, 30.06.2016, S.33.

6   Vgl. DIE ZEIT, 07.07.2016, S.1.

7   Isabelle Nelte: *Denkanstöße 2017* (München: Piper Verlag, 2016), S.114f.

8   Wiesbadener Tagblatt vom 16.12.2017.

9   Stefanie Demann: *Selbstcoaching für Führungskräfte* (Offenbach: Gabal Verlag, 2014), S.22 ff .

10 Kerry Patterson u. a., *Heikle Gespräche: Worauf es ankommt, wenn viel auf dem Spiel steht* (Wien: Linde-Verlag, 2012), S.14.

11 https://www.focus.de/wissen/mensch/psychologie/psychologie-alle-menschen-brauchen-freunde_aid_188762.html. Zugriff am 03.05.2018.

12 Mark S. Granovetter, *Getting a job: a study of contacts and careers* (Cambridge: Harvard Univ. Press, 1974).

13 Vgl. DIE ZEIT, Nr.15 vom 31.03.2016, S.28.

14 https://www.bing.com/search?q=IPsos+Institut+Hamburg+2013+Umfrage+Lebensqualit%c3%a4t&pc=cosp&ptag=C1AE89FD93123&conlogo=CT3210127&first=11&FORM=PERE, Zugriff am 28.01.2018.

15 Alle Zahlen: https://www.destatis.de unter ZahlenFakten/Gesellschaft & Staat/Bevoelkerung, Eheschließungen, Ehescheidungen, Lebenspartnerschaften. Zugriff am 11.04.2018.

16 Vgl. Faix/Hofmann/Künkel: Warum ich nicht mehr glaube (Witten: SCM-Brockhaus), 2. Aufl. 2014, S.173 ff.

17 Niklas Frank: Der Vater – eine Abrechnung (München: C. Bertelsmann 1987), Neuausgabe 2014.

18 Vgl. DIE ZEIT, 12.10.2017, S.30.

19 Vgl. Focus, 03.03.2018, S.64ff.

20 Vgl. DIE ZEIT 28.12.2017.

21 John C. Maxwell: Das Maxwell Konzept (Weinheim: Wiley-VCH Verlag), 2. Aufl. 2011, S.176.